Mit Start-up-Mentalität zu nachhaltiger Verantwortung

Sascha Genders

Mit Start-up-Mentalität zu nachhaltiger Verantwortung

Was der Mittelstand von Start-ups lernen kann

Sascha Genders
Estenfeld, Deutschland

ISBN 978-3-662-67800-8   ISBN 978-3-662-67801-5 (eBook)
https://doi.org/10.1007/978-3-662-67801-5

Die Deutsche Nationalbibliothek verzeichnet diese Publikation in der Deutschen Nationalbibliografie; detaillierte bibliografische Daten sind im Internet über http://dnb.d-nb.de abrufbar.

© Der/die Herausgeber bzw. der/die Autor(en), exklusiv lizenziert an Springer-Verlag GmbH, DE, ein Teil von Springer Nature 2023

Das Werk einschließlich aller seiner Teile ist urheberrechtlich geschützt. Jede Verwertung, die nicht ausdrücklich vom Urheberrechtsgesetz zugelassen ist, bedarf der vorherigen Zustimmung des Verlags. Das gilt insbesondere für Vervielfältigungen, Bearbeitungen, Übersetzungen, Mikroverfilmungen und die Einspeicherung und Verarbeitung in elektronischen Systemen.
Die Wiedergabe von allgemein beschreibenden Bezeichnungen, Marken, Unternehmensnamen etc. in diesem Werk bedeutet nicht, dass diese frei durch jedermann benutzt werden dürfen. Die Berechtigung zur Benutzung unterliegt, auch ohne gesonderten Hinweis hierzu, den Regeln des Markenrechts. Die Rechte des jeweiligen Zeicheninhabers sind zu beachten.
Der Verlag, die Autoren und die Herausgeber gehen davon aus, dass die Angaben und Informationen in diesem Werk zum Zeitpunkt der Veröffentlichung vollständig und korrekt sind. Weder der Verlag noch die Autoren oder die Herausgeber übernehmen, ausdrücklich oder implizit, Gewähr für den Inhalt des Werkes, etwaige Fehler oder Äußerungen. Der Verlag bleibt im Hinblick auf geografische Zuordnungen und Gebietsbezeichnungen in veröffentlichten Karten und Institutionsadressen neutral.

Planung/Lektorat: Mareike Teichmann
Springer Gabler ist ein Imprint der eingetragenen Gesellschaft Springer-Verlag GmbH, DE und ist ein Teil von Springer Nature.
Die Anschrift der Gesellschaft ist: Heidelberger Platz 3, 14197 Berlin, Germany

Das Papier dieses Produkts ist recyclebar.

Für Daniela

Inhaltsverzeichnis

1 **Mentalität & Verantwortung: Worum geht es?**   1
2 **Start-ups & Mittelstand: Eine Einführung**   5
   2.1 Einblick in die Existenzgründerszene   5
   2.2 Der Blick auf die Start-ups   9
   2.3 Der Blick auf den Mittelstand   17
   Literatur   19
3 **Was macht Start-ups besonders?**   23
   3.1 Agilität   25
   3.2 Gestaltungswille   29
   3.3 Expertisenvielfalt   32
   3.4 Risikotoleranz   33
   3.5 Stakeholderprägung   37
   3.6 Zukunftsfokussierung   41
   3.7 Start-ups im Vergleich zum Mittelstand   42
   Literatur   46
4 **Nachhaltigkeit in der Wirtschaft**   49
   4.1 Grundlagen der Nachhaltigkeit   50

4.2 Start-ups, Mittelstand und Nachhaltigkeit		56
Literatur		59
5 Mit Start-up-Mentalität zur gesellschaftlichen Verantwortung		**63**
5.1 Empfehlungen und Maßnahmen für den Mittelstand		66
5.2 Effekte auf die unternehmerische Nachhaltigkeit		72
Literatur		75
6 Ausblick		**77**

Über den Autor

Dr. Sascha Genders, LL.M. Eur., Jahrgang 1979, ist promovierter Volkswirt und Magister des Europäischen Rechts. Seine akademische Laufbahn startete er am Lehrstuhl des ehemaligen Wirtschaftsweisen Professor Dr. Peter Bofinger in Würzburg. Dr. Genders publiziert regelmäßig zu verschiedenen wirtschaftspolitischen Themen, nicht selten mit Bezug zum Thema Nachhaltigkeit. Zuletzt hat er die Bücher

„Generationenwechsel im Mittelstand – Wie Ihre Unternehmensnachfolge sicher scheitert ... und wie Sie es besser machen können", „CSR & Hidden Champions – Mit Unternehmensverantwortung zum Weltmarktführer" oder „Wie Gier uns retten kann. Nachhaltigkeit, Unternehmertum und das Streben nach Gewinn" herausgegeben.

Dr. Genders verfügt über ein umfangreiches Fachwissen auf vielen Themengebieten – hierbei vereint er theoretisches Fachwissen und Praxiserfahrung exzellent. Während zehnjähriger Berufspraxis als Leiter des Bereiches Existenzgründung und Unternehmensförderung der IHK Würzburg-Schweinfurt war er mit Fragestellungen rund um Start-ups und Mittelstand betraut. Sein bundes- sowie weltweites Netzwerk, nicht zuletzt eine langjährige Mitgliedschaft im Mittelstandsausschuss der Deutschen Industrie- und Handelskammer (DIHK), bildet zusammen mit Vortrags- und Lehrtätigkeiten, beispielsweise zum Fachgebiet „Entrepreneurship" an der Technischen Hochschule Würzburg-Schweinfurt (TWHS), ein rundherum stimmiges Profil, um ihn als echten Experten für die Themen Start-ups, Mittelstand sowie Nachhaltigkeit zu bezeichnen. Dr. Genders ist Hauptgeschäftsführer der Industrie- und Handelskammer (IHK) Würzburg-Schweinfurt.

1

Mentalität & Verantwortung: Worum geht es?

Zusammenfassung Dieses Buch dreht sich um Start-ups, um den Mittelstand und um Nachhaltigkeit. Warum und wie diese drei Themen zusammenhängen und weshalb ich glaube, dass wir die Welt „besser" machen können, wenn wir sie gemeinsam betrachten, das möchte ich Ihnen gerne in diesem Buch erklären – in der Hoffnung, Sie folgen meiner Einschätzung!

> **Auf den Punkt gebracht – worum geht es?**
> - Start-ups sind als Teil der Existenzgründerszene ein wichtiger Baustein der Unternehmenslandschaft in Deutschland, nicht zuletzt aufgrund ihrer starken Ausrichtung auf Innovationen und Digitalisierung.
> - Der Mittelstand ist das Rückgrat der deutschen Wirtschaft und steht nicht zuletzt infolge von globalen Herausforderungen wie Demografie, Klimawandel oder Ressourcenknappheit vor der Chance, in hohem Maße auf unternehmerische Nachhaltigkeit zu setzen.
> - Mittelstand und Start-ups arbeiten immer häufiger eng zusammen, wenn es um Fragen von Markterschließungen, zur Entwicklung und Einführung neuer Geschäftsprozesse oder Produkte geht, oder um

> wechselseitig als Partner von unternehmerischen Aktivitäten durch Geschäftsbeziehungen zu profitieren.
> - Dieses Buch gibt nicht nur einen Einblick in das Themenfeld Start-ups – von Grundlagen und Relevanz bis hin zu Besonderheiten dieser – sowie eine Einführung in den Bereich der unternehmerischen Nachhaltigkeit, es zeigt auch, in welcher Art und Weise Mittelständler ihre eigene unternehmerische Nachhaltigkeit stärken können, indem sie versuchen, Eigenschaften von Start-ups in den eigenen Alltag zu integrieren.
> - Das Buch spricht Leser an, die sich für Start-ups, Mittelstand und Nachhaltigkeit interessieren!

Nachhaltigkeit ist ein Megathema – und das ist gut so! Die Aktualität und die Notwendigkeit, sich mit dem Thema zu beschäftigen, ist hierbei noch gravierender, wenn Sie Unternehmerin oder Unternehmer[1] sind. Wir stehen vor enormen gesellschaftlichen Herausforderungen, und hierfür braucht es gerade Sie! Denken Sie an die Folgen des Klimawandels, an Ressourcenknappheit und weltweiten Hunger, denken Sie an die Auswirkungen der demografischen Veränderungen inklusive Alterung in unserer Gesellschaft, zugleich Bevölkerungszunahmen in anderen Teilen der Welt, oder denken Sie an Themen wie Gleichberechtigung, Sicherheit oder politische Stabilität! Es ist wichtig, dass wir alle gemeinsam unseren Beitrag für eine gute Zukunft leisten!

Nach meiner Einschätzung braucht es für eine nachhaltige Welt einen Akteur in besonderem Maße, der leider viel zu oft als Ursache der genannten gesellschaftlichen Herausforderungen und der Probleme gesehen wird, als richtigerweise als Teil der Lösung: die Wirtschaft und ihre Unternehmen. Ohne die zahlreichen Unternehmen weltweit – mit Arbeitnehmern, Lieferanten, Kunden und weiteren Anspruchsgruppen – wird es nicht gelingen, die Herausforderungen unserer Zeit zu lösen. Vielmehr sehe ich eine Chance darin, gerade eben durch erfolgreiches Unternehmertum, durch neue innovative Ideen und Lösungen – die Digitalisierung leistet hierbei einen bedeutsamen Beitrag – die Zukunft positiv zu gestalten. Gerade auf globaler Ebene müssen wir zeigen, wie wir Nachhaltigkeit in all ihren Facetten mit unternehmerischem (auch finanziellem) Erfolg in Einklang bringen können. Denn nur

---

[1] Im Folgenden wird ausschließlich die maskuline Form verwendet.

dann können wir dazu begeistern, Wohlstand und Verantwortungsübernahme für Dritte im Sinne eines positiven Beitrags für eine nachhaltige Welt gemeinsam anzustreben. Damit Unternehmen Nachhaltigkeit und betriebswirtschaftlichen Erfolg in Einklang bringen können, braucht es die richtige und ausgewogene Mixtur aus ordnungspolitischen Vorgaben und zeitgleich den verfügbaren Freiräumen, mit Hilfe unternehmerischer Entscheidungsfreiheiten aktiv zu werden – sei es durch neue innovative Technologien, durch neue Geschäftsprozesse oder durch Kooperationen und Synergieeffekte mit Partnern.

Zwei Akteure, die einen besonderen Beitrag in Sachen Nachhaltigkeit innerhalb des umfassenden Begriffes der „Wirtschaft" leisten, sind Start-ups und der Mittelstand. Letzterer denkt und agiert, weil vielfach familiengeführt, ohnehin zumeist in langen, generationenübergreifenden Zusammenhängen und damit nachhaltig. Start-ups hingegen haben gerade in der heutigen Zeit oftmals von der Wiege ihrer Existenzgründung startend zahlreiche Facetten nachhaltigen Handelns in den unternehmerischen Alltag integriert, nicht selten bauen ihre Geschäftsmodelle auf nachhaltigen Fragestellungen auf. Aber Start-ups leben Nachhaltigkeit zugleich deswegen, weil sie besonders sind, anders denken und handeln. Durch besondere Charaktereigenschaften und die Mentalität der Start-up-Existenzgründer sind Start-ups in ihrer Struktur prädestiniert, Nachhaltigkeit und betriebswirtschaftlichen Erfolg zu vereinen.

Was wäre, wenn der Mittelstand als Rückgrat der deutschen Wirtschaft fernab von Kooperationen mit Start-ups aus strategischen und wettbewerbsspezifischen Fragestellungen das Ziel verfolgt, nebst den bereits vielfach vorhandenen Ansätzen zur Übernahme gesellschaftlicher Verantwortung die besonderen Charaktereigenschaften von Start-ups, die diese besonders affin für Nachhaltigkeit machen, für sich zu adaptieren? Ich denke, wir würden erkennen, dass der Mittelstand durch dieses „Erlernen" der Besonderheiten von Start-ups noch einen gewaltigen Schritt nach vorne machen könnte, Nachhaltigkeit noch mehr als bislang als Kern seines Geschäftsmodells zu etablieren, sie in die eigene DNA zu integrieren.

Was erwartet Sie in diesem Buch? Ich möchte Ihnen in Kap. 2 einige Grundlagen rund um Start-ups vermitteln, ebenso wie einen kleinen

Abstecher in Sachen Mittelstand wagen. Kap. 3 geht auf die Besonderheiten von Start-ups ein und zeigt zugleich, worin der Unterschied zum Mittelstand liegt. In Kap. 4 wenden wir uns dem Thema Nachhaltigkeit zu. Neben Grundlagen möchte ich insbesondere verdeutlichen, welche Bedeutung Nachhaltigkeit bei Start-ups und Mittelstand heutzutage zukommt. Kap. 5 schließlich wagt den Versuch, zu verdeutlichen, wie der Mittelstand versuchen kann, die charakteristischen Besonderheiten von Start-ups zu adaptieren, um hierdurch eine Grundlage zu legen, um Nachhaltigkeit in die eigene DNA des Unternehmens zu integrieren. Den Abschluss bildet Kap. 6.

2
Start-ups & Mittelstand: Eine Einführung

Zusammenfassung Start-ups sind cool! Ob in Printmedien, Fernsehen und Streaming-Serien oder auf Social Media, überall begegnen uns Start-ups. Aber was sind Start-ups eigentlich? Was unterscheidet sie von normalen Existenzgründungen? Welche Eigenschaften zeichnen sie aus? Das möchte ich Ihnen in diesem Kapitel erklären. Und natürlich möchte ich den Mittelstand nicht vergessen, denn den braucht es heute mehr denn je, aber dazu später.

2.1 Einblick in die Existenzgründerszene

Wenn jemand ein Start-up gründet, dann wählt er den Schritt in die sogenannte berufliche Selbstständigkeit. So weit, so gut. Aber mit Blick auf die Beantwortung der Frage, was ein Start-up eigentlich ist, möchte ich inhaltlich ein wenig ausholen.

Berufliche Selbstständigkeit meint, dass Sie Ihr Einkommen in selbstständiger Art und Weise erwirtschaften. Selbstständigkeit bedeutet konkret, dass jemand mit seiner Tätigkeit nicht nur Gewinn erwirtschaften möchte (also am Monatsende im besten Falle mehr eingenommen hat, als er ausgeben hat), sondern dies auch regelmäßig tut, dass er eine entsprechende Leistung anbietet (zum Beispiel, indem er ein Produkt verkauft oder eine Dienstleistung anbietet), dass er das wirtschaftliche Risiko (aber auch den Erfolg) selbst trägt und diese Tätigkeit dauerhaft ausübt. Dieser Karriereweg der beruflichen Selbstständigkeit ist von der sogenannten nichtselbstständigen Tätigkeit zu unterscheiden. Dies ist zum Beispiel die typische Form der abhängigen Beschäftigung als Arbeitnehmer, Angestellter oder Beamter.

Wenn jemand den Schritt in die berufliche Selbstständigkeit wagt, stellen sich wiederum Fragen, wie er dies tut. So ist zum Beispiel eine Existenzgründung im Rahmen gewerblicher Tätigkeit von einer freiberuflichen Tätigkeit zu unterscheiden. Auch kann man differenzieren, ob jemand allein gründet oder mit Geschäftspartnern. Handelt es sich beim Schritt in die Selbstständigkeit um eine Neugründung „von null auf" oder etwa eine Übernahme eines bestehenden Unternehmens? In welcher Branche ist man tätig? Welche Rechtsform wählt man? Wie Sie sehen, gibt es eine ganze Reihe an Kriterien, anhand derer man rund um das Thema berufliche Selbstständigkeit diskutieren kann und die die Art und Weise der Selbstständigkeit konkreter beschreibt. Oder man fragt eben mit Blick auf diese Art und Weise, ob eine Existenzgründung als Startup erfolgt oder nicht. Aber dazu kommen wir in Kürze. Hinsichtlich der unterschiedlichen Arten beruflicher Selbstständigkeiten und wie eine etwaige Umsetzung in der Praxis tatsächlich funktioniert, sei an der Stelle auf die zahlreichen Angebote für Existenzgründungswillige verwiesen (bspw. Kirst 2019), dies ist an dieser Stelle und in diesem Buch nicht weiter bedeutsam.

Selbstständigkeit ist in Deutschland bei Weitem nicht der typische Weg der beruflichen Karriereplanung. Die Anzahl der als Arbeitnehmer Erwerbstätigen in Deutschland lag zuletzt bei über 45 Mio. Menschen, die Erwerbstätigenquote bei über 75 % (Statistisches Bundesamt 2023a). Die Anzahl aller Selbstständigen lag in Deutschland zuletzt lediglich bei 3,51 Mio. Menschen. Hiervon haben 1,59 Mio. Selbstständige Beschäftigte, der mit 1,92 Mio. größere Anteil gehört zu den sogenannten Solo-Selbstständigen, also zu Personen, die keine Beschäftigten haben (Bundesministerium für Arbeit und Soziales 2022, S. 16). Entscheidend ist, dass der Großteil der Personen hierzulande keiner beruflichen Selbstständigkeit nachgeht.

Die Tatsache, dass die berufliche Selbstständigkeit in Deutschland nicht selbstverständlich ist, zeigt sich auch, wenn man die Anzahl der Existenzgründungen, also diejenigen, die neu den Weg in die berufliche Selbstständigkeit starten, betrachtet – sowohl relativ als auch absolut. Zu einer Betrachtung relativer volkswirtschaftlicher Relevanz von beruflicher Selbstständigkeit eignet sich ein Blick auf die sogenannte Gründerquote.[1] Die Gründerquote der Kreditanstalt für Wiederaufbau (KfW) lag zuletzt bei einem Wert von 119 (KfW 2022a, S. 1). Von hundert Personen wagten demnach statistisch nur 1,19 Personen den Schritt in die berufliche Selbstständigkeit. Differenziert man ergänzend zwischen Vollerwerbsselbstständigkeit und Nebenerwerbsselbstständigkeit, zeigt die von der KfW ermittelte Quote mit Werten von 72 (Nebenerwerbsselbstständigkeit) bzw. 46 (Vollerwerbsselbstständigkeit), dass statistisch sogar weniger als eine halbe Person (0,46) von 100 Personen in Deutschland tatsächlich ausschließlich von der beruflichen Selbstständigkeit leben möchte und gründet. Wenn jemand gründet hierzulande, dann doch vielmehr im Nebenerwerb, also parallel zu einer anderweitigen (abhängigen) Beschäftigung. Letzteres ist, wie die Gründerquote zeigt, die beliebteste Art der Selbstständigkeit. Ein Grund für eine Existenzgründung „nebenbei" kann sein, dass jemand schlicht eine Geschäftsidee testen möchte, insbesondere die Marktreife eines Produktes oder einer Dienstleistung. Ein anderer Grund kann aber auch sein, dass man schlicht die eigene Einkommenssituation verbessern möchte oder muss. Zuletzt sei erwähnt, dass sicherlich die Veränderung in der Arbeitswelt an sich, weg von starren Strukturen mit einem festen, ein gesamtes Berufsleben ausgeübtem Beruf, hin zu mehr Flexibilität mit womöglich unterschiedlichen Tätigkeiten, ebenso ein Grund sein kann für die Beliebtheit der Nebenerwerbsselbstständigkeit.

Mit Blick auf die absoluten Neugründungen in Deutschland gibt es verschiedene Quellen, die je nach Erhebungsmethodik (und abhängig von den Publikationsterminen der Studien) unterschiedliche große Anzahlen an Neugründungen in den letzten Jahren ermitteln: Laut KfW lag die Anzahl der Existenzgründungen im Jahr 2021 bei 607.000 (KfW 2022a, S. 1). Laut Statistischem Bundesamt gab es im Jahr 2020 660.863

---

[1] Die Gründerquote erfasst Existenzgründungen je 10.000 Erwerbstätige.

Gewerbeanmeldungen (Statistisches Bundesamt 2023b). Laut Institut für Mittelstandsforschung gab es im Jahr 2022 rund 339.000 Existenzgründungen (Institut für Mittelstandsforschung 2023a). Unabhängig von der exakten Höhe der ausgewiesenen Anzahl zeigt sich, dass die Anzahl der Neugründungen in den letzten Jahren im Trend gesunken ist. Einen Sondereffekt erkennt man in den Jahren der Coronapandemie, aber dies führt an dieser Stelle zu weit. Viel wichtiger erscheint mir an dieser Stelle jedoch zu betonen: Nebst Feststellung einer allgemein und verhältnismäßig geringen Quote Selbstständiger beziehungsweise von Existenzgründungen ist folglich zugleich eine in den letzten Jahren abnehmenden Tendenz an Existenzgründungen zu erkennen. Es wagen schlicht immer weniger Menschen den Schritt in die berufliche Selbstständigkeit. Laut Statistik des Bundesministeriums für Arbeit und Soziales ist die Anzahl von 3,51 Mio. Selbstständigen zuletzt sogar so niedrig wie letztmals im Jahr 1997 (Bundesministerium für Arbeit und Soziales 2022, S. 16).

Die generell geringe und in den letzten Jahren abnehmende Bedeutung beruflicher Selbstständigkeit ist aus vielerlei Gründen negativ. So verzeichnen wir zum Beispiel zunehmend mehr Betriebe hierzulande, die vor der Frage des Generationenwechsels auf den Chefsesseln stehen, nicht zuletzt infolge des demografischen Wandels, der auch vor den vielen Betriebsinhabern hierzulande nicht Halt macht. Gibt es nicht genügend Neugründungen, stehen immer weniger potenzielle Unternehmensübernehmer zur Verfügung – eine fatale Entwicklung (Genders 2021). Ein weiteres Problem zu weniger Existenzgründungen ist aus volkswirtschaftlicher Perspektive dasjenige, dass junge (neue) Unternehmen stets auch Antrieb für Innovationen und neue Produkte beziehungsweise Dienstleistungen sein können. Sie schaffen zugleich Arbeitsplätze, prägen nicht zuletzt auch kulturell ganze Regionen (denken Sie an den „Existenzgründerspirit", den Sie vielleicht mit dem Silicon Valley in Kalifornien verbinden).

Faktisch ist Deutschland kein Land der Selbstständigen. Dieser Sachverhalt hat sicherlich Ursachen, wie die viele Jahre sehr gut laufende konjunkturelle Entwicklung mit lang anhaltendem wirtschaftlichem Aufschwung hierzulande. Dort war und ist zumindest keine große

Anzahl an Menschen gezwungen, infolge von drohender Arbeitslosigkeit eine Selbstständigkeit als Notlösung anzustreben, um überhaupt ein Einkommen erwirtschaften zu können. Auch der sich stetig verschärfende Mangel an qualifizierten Mitarbeitern hat sicherlich dazu beigetragen, dass gut bezahlte und (vermeintlich) sichere Beschäftigungsverhältnisse der stärker risikobehafteten Selbstständigkeit vorgezogen wurden. Nicht vergessen werden darf zugleich der demografische Wandel und hierbei insbesondere die Alterung der Gesellschaft, die gleichfalls eine Auswirkung auf die Existenzgründungsintensität einer Volkswirtschaft haben. Mit steigendem Alter neigt eine Person im Durchschnitt weniger in Richtung beruflicher Selbstständigkeit, auch weil das berufliche Risiko ebenso wie beispielsweise finanzielle und private Verpflichtungen größer und komplexer sind als in jungen Lebensjahren (KfW 2020, S. 2). Aber einige unmittelbare Ursachen für die generelle Existenzgründerflaute sind durchaus eigenverschuldet: Laut letztem Global Entrepreneurship Monitor liegen die Ursachen für die aktuelle Situation hierzulande zum Beispiel auch in Defiziten der Vermittlung unternehmerspezifischen Wissens in der Schule, in einer im internationalen Vergleich schwächer ausgeprägten sozialen und kulturellen Wertschätzung von Unternehmertum oder zum Beispiel auch in nicht hinreichend ausgeprägten unterstützenden politischen Aspekten (Global Entrepreneurship Monitor 2023, S. 136). Es bestehen also – mit Blick Richtung politischer Entscheider, die dieses Buch zur Hand nehmen – durchaus Ansatzpunkte, um wieder eine neue Dynamik in Sachen Existenzgründungskultur in Deutschland zu etablieren. Bei Interesse an Detailfragen, was man tun muss, kommen Sie in diesem Falle gerne auf mich zu.

2.2 Der Blick auf die Start-ups

Kommen wir über den thematischen Einstieg der beruflichen Selbstständigkeit und die Entwicklung der Existenzgründungdynamik zur Gruppe der Start-ups als Teil aller Existenzgründungen! Ja, Sie lesen richtig und dies ist wichtig: Nicht jede berufliche Selbstständigkeit erfolgt mittels Existenzgründung eines Start-ups. Anders formuliert:

Nicht jede Existenzgründung ist ein Start-up. Auch wenn dies in der öffentlichen Debatte durchaus nicht immer so eindeutig auseinandergehalten wird und man oftmals den Eindruck bekommt, dass jeder, der ein Unternehmen gründet, der festen Überzeugung ist, er gründe ein Start-up, so ist das nicht ganz richtig. Ihnen möchte ich diese Erkenntnis an der Stelle gerne mitgeben, nicht nur weil ich denke, dass es sich lohnt, zwischen einer klassischen beziehungsweise einer normalen Existenzgründung und einem Start-up unterscheiden zu können, sondern gerade für die später zu beantwortende Frage, wie und was Mittelständler von Start-ups lernen können, um nachhaltiger zu werden, ist es wichtig, vom richtigen Verständnis beziehungsweise der korrekten Definition eines Start-ups auszugehen.

Lassen Sie mich, bevor wir zur Start-up-Definition kommen, jedoch kurz der Form halber betonen, dass es mit Blick auf die oben gezeigte fehlende Existenzgründungsdynamik erforderlich ist, dass wir beides in unserer Gesellschaft sehen: viele neue und erfolgreiche Existenzgründungen klassischer Art, aber ebenso wichtig sind Start-ups. Es braucht eben beides. Manchmal bekommt man den Eindruck, dass eine klassische beziehungsweise normale Gründung[2] – denken Sie an eine Bäckerei, einen Textileinzelhändler oder einen Gesundheitsberater – weniger wichtig sei als ein hoch innovatives Tech-Start-up. Aber dem ist nicht so: Wir brauchen berufliche Selbstständige, ob als Start-ups oder klassische Existenzgründer,[3] das ist zweitrangig relevant.

Kommen wir nun zu den Start-ups und der Frage: Wie wird ein Start-up definiert?

Einleitend möchte ich in Abb. 2.1 auf Faktoren zu sprechen kommen, die Einfluss auf die (wirtschaftlichen) Rahmenbedingungen haben, die ein Start-up und dessen Geschäft prägen (linke Seite, Abb. 2.1) sowie auf die wesentlichen Merkmale und Komponenten, die wiederum zu einem Start-up gehören und die letztlich beschreiben, um was für eine Art beziehungsweise Typ von Start-up es sich im inhaltlichen Sinne handelt (rechte Seite, Abb. 2.1).

---

[2] Die Bezeichnung „normal" meint Existenzgründungen im Sinne von Nicht-Start-ups.
[3] Auf den sogenannten „klassischen" Existenzgründer gehe ich an späterer Stelle nochmals kurz ein.

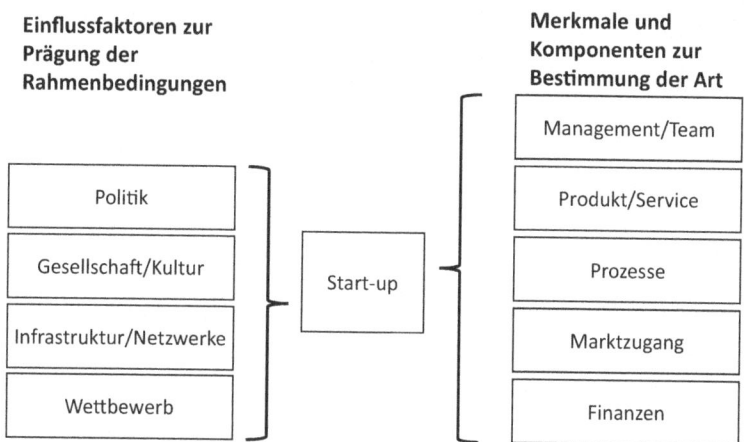

Abb. 2.1 Einflussfaktoren und Merkmale von Start-ups. (Quelle: Eigene Darstellung. Bundesverband Deutsche Startups e. V. 2022, S. 12, Kollmann 2022; Isenberg 2011)

Zu den Einflussfaktoren auf die Rahmenbedingungen (Abb. 2.1, linke Seite) gehören selbstredend das (wirtschafts-)politische Umfeld, bestehend aus beispielsweise einer Unterstützung der Existenzgründungszene allgemein, über Aspekte wie Bildungs- oder Steuerpolitik hinaus, über bürokratische Auflagen, bis hin zur Förderung von Start-ups. Auch das gesellschaftliche Umfeld, zum Beispiel die Akzeptanz von Selbstständigkeit oder auch eine Stigmatisierung von unternehmerischem Scheitern,[4] prägen die Rahmenbedingungen für ein Start-up, ebenso wie die Tatsache, wie allgegenwärtig und präsent berufliche Selbstständigkeit in unser aller Alltag ist – in Deutschland ist es zum Beispiel vergleichsweise relativ selten, dass man jemanden kennt, der ein eigenes Unternehmen gegründet hat (Global Entrepreneurship Monitor 2023, S. 136). Diese Nichtkenntnis reduziert zugleich die Akzeptanz

---

[4] Man spricht auch von einer sogenannten „Kultur des Scheiterns", nämlich insbesondere dann, wenn ein Scheitern als Existenzgründer nicht zu einer gesellschaftlichen Stigmatisierung im Sinne von Nichtkönnen und Inkompetenz führt, sondern wenn es als üblich anerkannt wird, dass eine nicht unerhebliche Anzahl an Existenzgründungen unter Umständen scheitert bei Realisierung einer Geschäftsidee. Anstelle des Scheiterns wird im positiven Falle vielmehr wertgeschätzt, dass es wichtiger ist, es bei Nichterfolg beziehungsweise Scheitern eben schlicht nochmals zu versuchen und nicht aufzugeben, um letztlich doch erfolgreich zu sein.

von Start-ups, weil sie schlicht unbekannt sind. Der dritte Faktor der Rahmenbedingungen ist das gesamte Umfeld, in dem sich ein Start-up bewegt, sein sogenanntes Start-up-Ökosystem. Dieses beschreibt zum Beispiel das sich stets ändernde Netzwerk, bestehend aus anderen Start-ups, Hochschulen, Banken, Unternehmen und weiteren Akteuren, in denen sich ein Start-up bewegt und in dem sich Geschäftsbeziehungen, neue Ideen oder schlicht Erfahrungsaustausche entwickeln. Der vierte und letzte Aspekt ist das allgemeine Wettbewerbsumfeld, inklusive der allgemeinen wirtschaftlichen Situation. In konjunkturell herausfordernden Zeiten gründet es sich unter Umständen anders als in einer wirtschaftlichen Boomphase. Drängen neue Technologien auf einen Markt, die Strukturen ganzer Branchen verändern, bieten sich anderweitige Räume für innovative Ideen.

Nebst den Rahmenbedingungen für Start-ups gibt es bestimmte Merkmale, deren Zusammenwirken ein Start-up prägen und beschreiben, um welche Art von Start-up es sich handelt und welche Strukturen es prägen (rechte Seite, Abb. 2.1). Das erste Merkmal ist das Team beziehungsweise die Managementebene des Start-ups. Hierzu gehören die Teamgröße sowie die Erfahrung und Herkunft der Mitglieder, deren Bildung und Qualifikationen, Alter sowie Diversität im weitesten Sinne. Das zweite Merkmal ist das Produkt oder die Dienstleistung, die angeboten werden. Drittens sind die Prozesse und Strategien des Start-ups entscheidend, ebenso wie der Markt und der Zugang zu ihm. Ist ein Start-up bereits zu Beginn international aktiv, stellen sich besondere Herausforderungen. Ein letztes Merkmal ist – wie bei jeder Existenzgründung – die Realisierbarkeit infolge des Finanzierungsmodells der Gründung. Infolge der besonderen Charaktereigenschaften eines Start-ups, zu denen ich in Kürze komme, unterscheiden sich Start-up-Finanzierungen hierbei mit Blick auf Finanzierungsquellen in der Regel von anderen unternehmerischen Vorhaben. Diese fünf Merkmale beschreiben, welche Art von Start-up vorliegt. Eine Teamgründung von zwei weiblichen Ingenieuren, die eine Beratung zur Etablierung Künstlicher Intelligenz in mittelständischen Unternehmen anbieten und ausschließlich dank genutzter Ersparnisse einen hohen Erlös durch eine geplante Veräußerung des Start-ups nach fünf Jahren anstreben, ist ein anderes Startup, als eine Ausgründung aus einer medizinischen Fakultät einer Hochschule eines international zusammengesetzten Teams von Medizinern, Biologen und Betriebswirtschaftlern, die einen Antikörperwirkstoff dank einer siebenstelligen Kapitalspritze eines großen Pharmaunternehmens entwickeln. Team, Produkt, Prozess, Marktzugang und Finanzen unterscheiden sich, dennoch handelt es sich jeweils um ein Start-up.

Nachdem Sie die Einflussfaktoren kennengelernt haben, die die äußeren Rahmenbedingungen beeinflussen, in denen sich ein Startup bewegt, sowie die wesentlichen Merkmale, die definieren, welcher Art und Struktur ein Start-up ist, wenden wir uns dem Inneren eines Start-ups zu – seinen Charaktereigenschaften und somit seinen Besonderheiten. Kommen wir zur Beantwortung der Frage nach den Charaktereigenschaften eines Start-ups zur Frage nach der Definition eines Start-ups zurück.

Unglücklich mit Blick auf die Antwort nach der Definition für Start-ups ist, dass es nicht die eine und ausschließliche Antwort gibt. Das Bundesministerium für Wirtschaft und Klimaschutz schreibt in der Start-up-Strategie der Bundesregierung allgemein: Start-ups „… sind junge innovative Unternehmen mit Wachstumsambitionen" (Bundesministerium für Wirtschaft und Klimaschutz 2022, S. 2). Der Bundesverband Deutsche Startups e. V. formuliert konkreter: „Startups (sind) jünger als zehn Jahre, haben ein geplantes Mitarbeiter-/Umsatzwachstum und/oder sind (hoch) innovativ in ihren Produkten/Dienstleistungen, Geschäftsmodellen und/oder Technologien" (Bundesverband Deutsche Startups e. V. 2020, S. 18). In Sachen Unternehmensalter sei angemerkt, dass sich oftmals auch kürzere Lebensdauern als Kriterium finden, zum Beispiel fünf oder sieben anstelle von zehn Jahren, die ein Start-up auf dem Markt aktiv sein darf, um als Start-up zu gelten. Nach KfW sind Start-ups „junge … Unternehmen, die vor höchstens 5 Jahren gegründet wurden, deren Gründerinnen und Gründer in Vollerwerb tätig sind, die ein Gründungsteam oder Beschäftigte haben und innovationsorientiert oder wachstumsorientiert sind, also Forschung und Entwicklung durchführen, um eine technologische Innovation zur Marktreife zu bringen, oder mindestens eine deutschlandweite Marktneuheit anbieten" (KfW 2022b, S. 2). Anderslautende Aussagen bezeichnen Start-ups als „junge, noch nicht etablierte

Unternehmen, die zur Verwirklichung einer innovativen Geschäftsidee mit geringem Startkapital gegründet werden und i. d. R. sehr früh zur Ausweitung ihrer Geschäfte und Stärkung ihrer Kapitalbasis entweder auf den Erhalt von…" zum Beispiel Investoren wie Business Angels angewiesen sind (Achleitner 2018). Das Bundesministerium für Wirtschaft und Klimaschutz betont ferner, dass Start-ups neben Skalierbarkeit und Innovation oftmals ihr Geschäftsmodell auch auf internationale Märkte ausrichten (Bundesministerium für Wirtschaft und Klimaschutz 2022, S. 2).

Wie Sie sehen, ist es gar nicht so einfach, die richtige Definition für ein Start-up zu finden. Ich würde mich aber in Anlehnung an die genannten Ausführungen gerne auf folgende Definition von Start-ups festlegen:[5]

> Start-ups sind jung, innovativ, wachstumsstark, haben ein skalierbares Geschäftsmodell und sind in hohem Maße technologiegetrieben.

Wie Sie sehen, ist gerade bei diesen Charaktereigenschaften eine enge inhaltliche Nähe zu den oben genannten Merkmalen eines Start-ups vorhanden (vgl. Abb. 2.1). Aber mit dem Begriff Start-up verbinden Sie sicherlich noch anderweitige Eigenschaften, richtig? Nebst den harten Faktoren (jung, innovativ, wachstumsstark, skalierbares Geschäftsmodell, technologiegetrieben) gibt es doch noch andere Assoziationen, die Sie mit dem Begriff Start-up verbinden. Geht es bei dieser speziellen Form von Existenzgründungen nicht auch um eine bestimmte Denkweise, um eine Mentalität, um einen gewissen Spirit? Denken wir nicht an einen besonderen Typus von Unternehmer (besser: Entrepreneur), der ein Start-up gründet – im Unterschied zu einer normalen und emotional (fälschlicherweise) langweilig anmutenden klassischen Existenzgründung? Wirken bestimmte Städte – in Deutschland sind dies auf den ersten Blick Berlin oder München – deswegen besonders attraktiv und hipp, weil sich dort eine aktive Start-up-Szene tummelt? Und ist es

---

[5] Die fünf Kriterien der von mir präferierten Definition unterscheiden ein Start-up zugleich wie erwähnt von klassischen beziehungsweise normalen Existenzgründungen.

bei Business-Meetings, die üblicherweise lange Zeit von Menschen mit Anzügen, Krawatten oder in schicken Kostümen geprägt waren (und auch noch sind), nicht eher erwartbar, dass ein erfolgreicher Start-up-Entrepreneur in T-Shirt, Jeans und Sneakers den Raum betritt anstelle in Anzug mit Krawatte? Zugeben, dies sind sicherlich typische Stereotype, aber ein bisschen Wahrheit steckt schon in den Äußerungen, oder? Start-ups umgibt eine besondere Aura – und zwar fernab der harten Faktoren. Ja! Es gibt nämlich eine Reihe an weichen Faktoren, die ein Start-up besonders macht.

In Abb. 2.2 erweitere ich die in Abb. 2.1 genannten Einflussfaktoren und Merkmale eines Start-ups um die aus meiner Sicht wesentlichen Charakteristika eine Start-ups, hierbei um die genannten harten sowie prägenden weichen Faktoren. Diese sind es letztlich aus meiner Sicht auch, die Start-ups besonders machen. Sie prägen den Mythos eines Start-ups. Sie sorgen (auch) dafür, dass wir uns für Start-ups interessieren. Für weiterführende Details zu eben diesen Charaktereigenschaften verweise ich gerne auf Kap. 3.

Bevor wir zum Ende dieses Kapitels kommen, möchte ich folgende Inhalte noch kurz zu Papier bringen: Ich hatte bereits erwähnt, dass Start-ups eine Gruppe in der Gesamtheit aller Existenzgründungen darstellt. Faktisch ist es zugleich eine in absoluter Anzahl sehr kleine Gruppe. Hat die KfW insgesamt eine Anzahl von 607.000 Gründungen

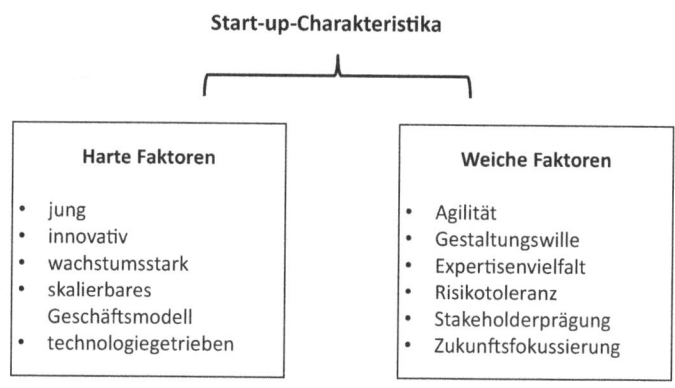

Abb. 2.2 Start-up-Charakteristika. (Quelle: Eigene Darstellung)

pro Jahr errechnet (KfW 2022a, S. 1), so weist sie in ihrem letzten Start-up-Report eine Anzahl von lediglich 61.000 Start-ups aus. Eine Erhebung des startupdetector report 2021 kommt sogar lediglich auf eine Anzahl an 3348 gegründeter Start-ups im Jahr 2021 (startupdetector 2021). In der nachfolgenden Erhebung startupdetector report 2022 waren es dann immerhin noch 2075 Gründungen (startupdetector 2022). Start-ups sind also absolut gesehen allenfalls eine Nische in der Gesamtheit aller Existenzgründungen. Nur sehr wenige derjenigen Personen, die in Deutschland eine berufliche Selbstständigkeit anstreben, tun dies durch Gründung eines Start-ups im hiesigen Sinne. Die klassische Gründung ist demnach – entgegen der obigen Definition eines Start-ups – seltener mit einem skalierbaren Geschäftsmodell ausgestattet, rückt den Fokus weniger intensiv auf technologie-getriebene Themen und kann unter Umständen weniger relevant in Sachen Innovation und somit in geringerem Maße auf Wachstum fokussiert sein. Eine klassische Existenzgründung ist ein junges Unternehmen, dass neu auf einen Markt kommt, sei es im Einzel- oder Großhandel, im Logistikbereich, zu allen denkbaren Dienstleistungsthemen oder in Branchen wie Hotellerie und Gastronomie. Entscheidend ist hier schlicht, dass es ein neues und somit junges Unternehmen ist.

Aber obwohl Start-ups eher selten vorkommen, reden je nach beruflichem oder privatem Umfeld, in dem Sie sich bewegen, vergleichsweise viele Personen über sie. Es gibt eine ganze Reihe von TV-Formaten, die sich mit Start-ups beschäftigen.[6] Unternehmen sind bemüht, Projekte mit Start-ups einzugehen. Investoren brüsten sich mit ihren guten Investmententscheidungen in Überflieger-Start-ups. An den Hochschulen werden zunehmend Start-up-Wettbewerbe ausgerufen. Und so weiter und so fort. Verstehen Sie mich nicht falsch, ich finde es klasse, dass Start-ups eine derartige Relevanz zu bekommen scheinen, hat dies doch nicht zuletzt einen positiven Einfluss auf die Existenzgründungsdynamik, die dringend belebt werden muss – wie wir oben gesehen haben. Nur darf dieser Hype eben, wie gleichfalls bereits erwähnt, nicht dazu

---

[6] Auch wenn der mediale Hype von vor drei, vier Jahren hierzulande aus meiner subjektiven Brille heraus ein wenig abgenommen hat, was die Anzahl der TV-Formate angelangt. Ob ich das gut oder schlecht finde, sage ich Ihnen nicht.

führen, dass all die anderen klassischen Existenzgründungen – die der Anzahl nach deutlich häufiger vorkommen – vergessen werden.

Start-ups sind selten. Aber warum sind Start-ups dennoch so präsent und interessant? Dies liegt aus meiner Sicht nicht zuletzt in ihrer Relevanz und in ihren Charaktereigenschaften begründet. Die Kriterien, die ein Start-up zu einem Start-up machen, verbunden mit den zahlreichen (Erfolgs-)Kriterien, sind es, die Start-ups so besonders machen – und auf die ich in Kap. 3 im Detail eingehen möchte.

2.3 Der Blick auf den Mittelstand

Lassen Sie mich kurz auf den Mittelstand eingehen. Zwar geht es in diesem Buch nicht unwesentlich um Start-ups, deren Charakteristika und wie diese helfen können, dass Unternehmen besser in Sachen Nachhaltigkeit werden (Kap. 5), dennoch möchte ich an dieser Stelle auch kurz auf die zweite Gruppierung im Titel des Buches, den Mittelstand, eingehen. Dies nicht nur, weil der Begriff Mittelstand im Buchtitel vorkommt, sondern auch, um Ihnen zu zeigen, dass Sie ziemlich sicher zur Zielgruppe des Buches gehören, nämlich dann, wenn als Sie als „Nicht-Start-up" von Start-ups lernen möchten.

Es gibt – wer hätte dies gedacht – unterschiedlichste Definition für den Mittelstand. Diese Erklärungen unterscheiden sich zum Beispiel nach Umsatz, Anzahl an Mitarbeitern oder Bilanzsumme (Europäische Kommission 2003). Auch Kriterien wie Struktur der Eigentümer, Geschäftsführung oder wirtschaftliche Verflechtungen werden bei den Definitionsversuchen zum Teil mit einbezogen. Und auch wenn keine ausschließliche Definition betreffend der Unternehmensgröße existiert, so wird häufig auf die sogenannten kleinen und mittleren Unternehmen (KMU) geschaut. Die Europäische Kommission erfasst hierunter Unternehmen mit bis zu 250 Mitarbeitern und mit bis zu 50 Mio. EUR Umsatz pro Jahr beziehungsweise mit bis zu 43 Mio. Euro Bilanzsumme (Europäische Kommission 2023). Das Institut für Mittelstandsforschung wiederum zählt Unternehmen mit unter 500 Mitarbeitern und mit bis zu 50 Mio. Euro Umsatz pro Jahr (Institut für Mittelstandsforschung 2023b) hinzu, sodass diese als „Mittelstand" verstanden werden können

(Klodt 2018). Das Institut für Mittelstandsforschung hebt zum Beispiel explizit auch das Zusammenspiel von Eigentum, Handlung und Haftung als typisch für den Mittelstand hervor (Institut für Mittelstandsforschung 2023c).

Fakt ist, dass der Mittelstand in Deutschland das Rückgrat der Wirtschaft ist, nahezu alle Betriebe sind dem Mittelstand zuzurechnen, fast zwei Drittel der gesamten Netto-Wertschöpfung hierzulande wird durch den Mittelstand erzielt. Der Mittelstand stellt 55 % der Arbeitsplätze bereit und beschäftigt 80 % der Auszubildenden (Bundesministerium für Wirtschaft und Klimaschutz 2023). Anders formuliert: Der Mittelstand ist in der Wirtschaft allgegenwärtig.

Wenn der Mittelstand der Kern unserer Wirtschaftsstruktur ist, dann ist es umso bedeutsamer, dass er zukunftsfähig aufgestellt ist. Vor dem Hintergrund der gesellschaftlichen Diskussion rund um unternehmerische Nachhaltigkeit gilt es also gerade dem Mittelstand dabei zu helfen, auf ordnungspolitische und marktwirtschaftliche Impulse hin zu mehr Nachhaltigkeit in der Wirtschaft vorbereitet zu sein. Ein Ansatz hierzu ist es, von Start-ups zu lernen – dazu mehr in den weiteren Ausführungen dieses Buches.

> **Fazit**
> - Ein Start-up ist eine Nische in der Gesamtheit aller Existenzgründungen, eine besondere Art der beruflichen Selbstständigkeit.
> - Start-ups werden geprägt von Rahmenbedingungen, besitzen in der Regel bestimmte Merkmale und besondere Charaktereigenschaften.
> - Start-ups definieren sich als jung, wachstumsstark, innovativ, mit hohem Technologiebezug und einem skalierbaren Geschäftsmodell.
> - Nebst diesen harten Charaktereigenschaften gibt es eine Reihe weicher Charaktereigenschaften wie Agilität, Risikotoleranz oder Zukunftsfokussierung.
> - Trotz einer in absoluter Betrachtungsweise geringen Anzahl sind Start-ups relevant für den Wirtschaftsstandort.

Literatur

Achleitner A-K (2018) Start-up-Unternehmen. Gabler Wirtschaftslexikon. https://wirtschaftslexikon.gabler.de/definition/start-unternehmen-42136/version-265490. Zugegriffen: 29. April 2023

Bundesministerium für Arbeit und Soziales (2022) Selbstständige Erwerbstätigkeit in Deutschland (Aktualisierung 2022). Expertise/Forschungsbericht 601. Forschungsinstitut zur Zukunft der Arbeit GmbH (IZA). April/Juni 2022. Berlin, Bonn

Bundesministerium für Wirtschaft und Klimaschutz (2023) Der Mittelstand. Erfolgsmodell Mittelstand. https://www.bmwk.de/Redaktion/DE/Dossier/politik-fuer-den-mittelstand.html. Zugegriffen: 29. April 2023

Bundesministerium für Wirtschaft und Klimaschutz (2022) Die Start-up-Strategie der Bundesregierung. Juli 2022, Bundesministerium für Wirtschaft und Klimaschutz, Berlin

Bundesverband Deutsche Startups e.V. (2022) Deutscher Startup Monitor 2022. Innovation – gerade jetzt. T Kollmann, C Strauß, A Pröpper, C Faasen, A Hirschfeld, J Gilde, V Walk. PwC Deutschland/Bundesverband Deutsche Startups e.V., Frankfurt a. M./Berlin

Bundesverband Deutsche Startups e.V. (2020) Deutscher Startup Monitor 2020. Innovation statt Krise. T Kollmann, P Jung, L Kleine-Stegemann, J Ataee, K de Gruppe. PwC Deutschland/Bundesverband Deutsche Startups e.V., Frankfurt a. M./Berlin

Europäische Kommission (2023) Binnenmarkt, Industrie, Unternehmertum und KMU. SME definition. https://single-market-economy.ec.europa.eu/smes/sme-definition_de. Zugegriffen: 13. Mai 2023

Europäische Kommission (2003) Empfehlung der Kommission vom 6. Mai 2003 betreffend die Definition der Kleinstunternehmen sowie der kleinen und mittleren Unternehmen. Europäische Kommission. Amtsblatt der Europäischen Union. Nr. L 124 vom 20/05/2002 S. 0036 – 0041. 2003/361/EG, Brüssel

Genders S (2021) Generationenwechsel im Mittelstand. Wie Ihre Unternehmensnachfolge sicher scheitert... und wie Sie es besser machen können. Springer Gabler, Berlin

Global Entrepreneurship Monitor (2023) Global Entrepreneurship Monitor 2022/2023 Global Report: Adapting to a „New Normal". GEM, London

KfW (2022a) KfW-Gründungsmonitor, (2022) Gründungstätigkeit 2021 zurück auf Vorkrisenniveau: mehr Chancengründungen, mehr Jüngere, mehr Gründerinnen, KfW Research, Mai 2022. KfW, Frankfurt a. M.

KfW (2022b) KfW-Start-up-Report 2022. Nach Corona-Knick hat sich Zahl der Start-ups 2021 wieder erholt. G. Metzger. KfW, Frankfurt a. M.

KfW (2020) KfW-Gründungsmonitor 2020. Gründungstätigkeit in Deutschland 2019: erster Anstieg seit 5 Jahren – 2020 im Schatten der Corona-Pandemie. KfW Research. G. Metzger. KfW, Frankfurt a. M.

Kirst U (2019) Der Gründerpapst – Selbständig mit Erfolg! Wie Sie Ihr eigenes Unternehmen gründen, aufbauen, sichern, 18. Aufl. adakia Verlag, Leipzig

Klodt H (2018) Mittelstand. Gabler Wirtschaftslexikon. https://wirtschaftslexikon.gabler.de/definition/mittelstand-40165/version-263557. Zugegriffen: 12. Mai 2023

Kollmann T (2022) Digital Entrepreneurship: Grundlagen der Unternehmensgründung in der Digitalen Wirtschaft. 8. Aufl. Springer Gabler

Institut für Mittelstandsforschung (2023a) Gründungen und Unternehmensschließungen. https://www.ifm-bonn.org/statistiken/gruendungen-und-unternehmensschliessungen/existenzgruendungen-insgesamt. Zugegriffen: 28. April 2023

Instituts für Mittelstandsforschung (2023b) KMU-Definition des IfM Bonn. Institut für Mittelstandsforschung IfM Bonn. https://www.ifm-bonn.org/definitionen-/kmu-definition-des-ifm-bonn. Zugegriffen: 13. Mai 2023

Instituts für Mittelstandsforschung (2023c) Mittelstandsdefinition des IfM Bonn. Institut für Mittelstandsforschung IfM Bonn. https://www.ifm-bonn.org/definitionen/mittelstandsdefinition-des-ifm-bonn. Zugegriffen: 28. April 2023

Isenberg D (2011) The Entrepreneurship Ecosystem Strategy as a New Paradigm for Economic Policy: Principles for Cultivating Entrepreneurships. The Babsos Entrepreneurship Ecosystem Project. http://www.innovationamerica.us/images/stories/2011/The-entrepreneurship-ecosystem-strategy-for-economic-growth-policy-20110620183915.pdf. Zugegriffen: 1. Mai 2023

startupdetector (2022) startupdetector report 2022. https://www.gruenden-in-potsdam.de/system/files/documents/startupdetector-report-2022.pdf. Zugegriffen: 6. Mai 2023

startupdetector (2021) startupdetector report 2021. https://startupdetector.de/reports/startupdetector-report-2021.pdf. Zugegriffen: 29. April 2023

Statistisches Bundesamt (2023a) Arbeitsmarkt – Erwerbstätigkeit. https://www.destatis.de/DE/Themen/Arbeit/Arbeitsmarkt/Erwerbstaetigkeit/_inhalt.html#sprg641840. Zugegriffen: 28. April 2023

Statistisches Bundesamt (2023b) Gewerbemeldungen und Insolvenzen. Gewerbeanmeldung, Gewerbeabmeldung, Gewerbeanzeigen. https://www.destatis.de/DE/Themen/Branchen-Unternehmen/Unternehmen/Gewerbemeldungen-Insolvenzen/Tabellen/list-gewerbemeldungen.html#130326. Zugegriffen: 28. April 2023

3

Was macht Start-ups besonders?

Zusammenfassung Start-ups sind jung, innovativ, wachstumsstark und haben eine enorme Technologiegetriebenheit. Aber neben diesen harten Faktoren sind es insbesondere weiche Faktoren, die ein Start-up „besonders" machen, die Start-ups trendy und cool erscheinen lassen aus den unterschiedlichsten Blickwinkeln. Wie so oft, ist es eben die persönliche Note, die den Charakter ausmacht. Lassen Sie uns daher einen detaillierten Blick auf diese Charakteristika von Start-ups werfen.

Sie haben in Kap. 2 gesehen: Bei Weitem nicht jeder Erwerbsfähige hierzulande entscheidet sich in Sachen Karriereplanung für eine berufliche Selbstständigkeit. Und nicht jeder, der gründet, tut dies mit einem Start-up. Aber das ist in dieser Stelle egal, denn wir konzentrieren uns nun auf Start-ups. Es soll um die Besonderheiten eines Start-ups gehen – im Vergleich zu anderen Formen der Existenzgründung, aber auch im Unterschied zu etablierten Unternehmen aus dem Mittelstand.

> **Übersicht**
>
> In Kap. 2 habe ich nebst Rahmenbedingungen und Merkmalen eines Start-ups folgende harte Faktoren für den Charakter eines Start-ups definiert:
>
> - jung
> - innovativ
> - wachstumsstark
> - skalierbares Geschäftsmodell
> - technologiegetrieben

> **Übersicht**
>
> Ergänzend wurden sechs weiche Faktoren genannt (vgl. Abb. 2.2), die ein Start-up besonders machen, insbesondere:
>
> - Agilität
> - Gestaltungswille
> - Expertisenvielfalt
> - Risikotoleranz
> - Stakeholderprägung
> - Zukunftsorientierung

In diesem Kapitel möchte ich nun detailliert auf die weichen Faktoren eingehen. Hierbei ist es mein Ziel, Ihnen einige wenige und ausgewählte Facetten zu benennen, weshalb ein Start-up über eben diese, an den späteren Stellen genannten Besonderheiten verfügt.[1] Ich möchte diejenigen Eigenschaften eines Start-ups beschreiben, die aus meiner Sicht – auch mit Blick auf meine langjährige Beratungserfahrung in der Existenzgründerszene – entscheidende Unterschiede zu den übrigen, klassischen Existenzgründungen, aber auch zu zum Beispiel bereits etablierten Unternehmen bilden. Denn nur, wenn Sie diese Charaktereigenschaften als Besonderheiten von Start-ups kennen und aus ihnen

---

[1] Bei der Beschreibung der weichen Faktoren können diese jeweils nur inhaltlich angedeutet werden, sodass die nachfolgenden Ausführungen keinen Anspruch auf eine vollständige und keineswegs vollumfängliche Beschreibung der jeweiligen Eigenschaften haben.

Vorteile für Start-ups im Unternehmensalltag ableiten, können Sie diese als Mittelständler unter Umständen selbst nutzen. Anzumerken ist an der Stelle, dass es ein erfolgreiches Start-up auszeichnet, dass die genannten weichen Faktoren stets alle gemeinsam auftreten und besonders intensiv ausgeprägt sind. Ferner bedingen sie sich wechselseitig und sind in der Regel Komplementäre. Ohne Zweifel gibt es etablierte Unternehmen oder klassische Existenzgründungen, denen gleiche Eigenschaften zugeschrieben werden können, aus meiner Erfahrung heraus liegen dann aber jeweils nur einzelne Charakteristika vor, und vor allem spielen sie im Geschäftsmodell des Unternehmens dann nicht eine derart dominante Rolle, wie dies eben bei Start-ups der Fall ist.

3.1 Agilität

Start-ups denken und handeln agil! Agilität wird definiert als Gewandtheit, Wendigkeit oder Beweglichkeit zum Beispiel innerhalb von Unternehmern oder bei bestimmten Prozessen (Bendel 2019). Per Definition lassen sich unter Agilität vier Aspekte erfassen: Geschwindigkeit, Anpassungsfähigkeit, Kundenzentriertheit und Haltung (Fischer 2017). Diese Eigenschaften prägen agile Start-ups. Agile Wirtschaftsunternehmen können zum Beispiel relativ schnell und dynamisch auf Veränderungen reagieren und sich anpassen, sind auch flexibel bei nicht geplanten Ereignissen. Ferner wird durch kürzere Zyklen und Iterationen bei der agilen Entwicklung von Produkten und Dienstleistungen direkt die Perspektive der Kunden stärker berücksichtigt, Anpassungen durch Kundenfeedback und das stete Hinterfragen in der Art „Was will der Kunde?" dienen der Erhöhung des eigenen Markterfolges zu späterem Zeitpunkt. Diese entgegen klassischer Projektarbeit anderweitige Herangehensweise, die nicht zuletzt Auswirkungen auf die Arbeit von Teams und deren Miteinander fernab üblicher Hierarchien oder Fachbereichsstrukturen hat, prägt nicht zuletzt auch die Haltung eines Start-ups. Freiräume, Kultur des Miteinanders oder Wertschätzung auf Augenhöhe, all dies sind Facetten, die in diesem Zusammenhang in der Folge agilen Arbeitens genannt werden können.

Agilität in Start-ups kann unterschiedliche Bereiche einbeziehen. Nebst der Projektumsetzung bei der Erarbeitung von Produkten, Services oder Geschäftsmodellen kann sich Agilität zum Beispiel direkt im Arbeitsumfeld ausprägen, aber auch durch den Einsatz von Kommunikationsmedien. Stellvertretend für viele Bereiche möchte ich den Aspekt der Agilität anhand eines konkreten Beispiels aus der Praxis zum Thema Arbeitsumfeld eines Start-ups vergegenwärtigen: Die Agilität zeigt sich auch anhand anderer Faktoren wie Arbeitszeit und Arbeitsumfeld. Nicht nur, dass Existenzgründer eines Start-ups angeben, mit im Durchschnitt 55 Stunde je Woche deutlich flexibler in Sachen Arbeitsbelastung zu sein, als dies zum Beispiel in einem tarifvertraglich bestimmten Arbeitsverhältnis zulässig ist (Bundesverband Deutsche Startups e. V. 2022, S. 26), auch mit Blick auf den Arbeitsort teilen sich in etwa hälftig diejenigen Personen, die vom Büro aus oder von zu Hause arbeiten (Bundesverband Deutsche Startups e. V. 2022, S. 26). Mobiles Arbeiten war und ist in vielen Start-ups sicherlich auch schon vor der Coronapandemie und der in der gesamten Wirtschaft einsetzenden Akzeptanz mobilen Arbeitens üblicher gewesen als in anderen Unternehmen. Hierbei ist anzumerken, dass diese Form des agilen Arbeitens sicherlich auch schlicht den Branchen und den Themen zuzuschreiben war und ist, in denen Start-ups aktiv sind. Wer sich wie diese in hohem Maße mit digitalen Themen beschäftigt, der ist per se mobiler, was den Arbeitsplatz der Mitarbeiter anbelangt.

Dass Start-ups ebenso wie alle Existenzgründungen und junge Unternehmen eine gewisse Agilität mit sich bringen müssen, ist selbstredend – streng genommen sollte dies jedes Unternehmen tun, unabhängig von Alter oder Größe. Dass insbesondere Start-ups aber auf Agilität setzen, hat aus meiner Sicht zwei wesentliche Gründe: Sie können nicht anders und sie wollen nicht anders. Wir können also von einer vorhandenen Fähigkeit beziehungsweise einer fehlenden Alternative als auch vom Willen ausgehen, weshalb Start-ups agil agieren.

Lassen Sie mich auf den Aspekt der fehlenden Alternative als Grund für die Agilität von Start-ups zu sprechen kommen: Mit Blick auf die Entwicklung von Unternehmen im Zeitverlauf werden nicht selten verschiedene Phasen beziehungsweise Zyklen unterteilt – nicht selten angelehnt an die eines Lebewesens, von Geburt, Jugend bis zum Alter und eventuell zum Tod. Diesen Erkenntnissen nach wachsen Unternehmen zum Beispiel zu Beginn ihres Lebenszyklus zunächst durch ihre Kreativität. In dieser Gründungsphase herrscht in der Regel eine technische und innovative Ausrichtung eines Start-ups vor, Managementfragen oder organisationsspezifische Fragen scheinen weniger wichtig als diejenigen, die Dynamik und Euphorie des Neuen zu nutzen, um erfolgreich ein Produkt zu etablieren (Schreyögg 2018, S. 109 ff.). Infolge der Tatsache, dass Start-ups per Definition zu den jungen Unternehmen gehören, ist diese Gruppe an Existenzgründungen per se demnach in der Regel in derartigen Betrachtungen unternehmerischer Lebenszyklen stets von Agilität dominiert.

Jedes Start-up, das sich bezogen auf das eigene Unternehmen im Aufbau befindet, hat in der Regel noch nicht derart manifestierte Organisationsstrukturen, wie sie sich zum Beispiel in einem mittelständischen Unternehmen finden. Es gibt zu Beginn zum Beispiel weder klar definierte Geschäftsbereiche wie Marketing, Vertrieb, Einkauf, Produktion oder Compliance – bestenfalls aber zumindest im Team geklärte Zuständigkeiten –, noch Prozesse und Arbeitsverfahren, langjährige Erfahrungen im Umgang mit Kunden geschweige denn entsprechende Beziehungen. Start-ups sind demnach schlicht auch deswegen agil, weil sie nicht anders können.

Zur Vervollständigung sei bezugnehmend auf die Erkenntnisse im Zuge der Lebenszyklusbetrachtung von Unternehmen anzumerken, dass im Verlauf eines Lebens nach der Existenzgründungs- beziehungsweise Startphase Effizienzprobleme in Unternehmen entstehen. Plötzlich stellen sich Fragen von Verantwortlichkeiten, zur Prozessgestaltung, oder Aspekte wie Personaleinsatzplanung rücken in den Fokus. Statt Improvisation und Freigeist setzt man daher in späteren Lebensphase des Unternehmens auf geordnete Strukturen und Regelwerke. Dies kann anschließend wiederum in Herausforderungen wie einer Überregulierung oder Motivationsbeschränkungen und Minderung von Innovationskraft münden (Schreyögg 2018, S. 109 ff.).

Da Probleme in den Lebensphasen eines Unternehmens auch zum Scheitern des Unternehmens führen können, erlauben Sie mir einen kurzen Exkurs zum Thema Scheitern von Start-ups – auch wenn ich später nochmals an anderer Stelle darauf zu sprechen komme: Existenzgründungen scheitern mit einer gewissen Wahrscheinlichkeit, und dieses Risiko des Scheiterns liegt bei Start-ups im hiesigen Sinne nochmals deutlich höher. Das Risiko des Scheiterns ist für junge Unternehmen (somit Start-ups) hierbei höher als bei bereits längerfristig etablierten Unternehmen. Nebst in nahezu allen Fällen anderer Ressourcenausstattung oder einer schlicht der Zeit des eigenen Bestehens geschuldeten Abhängigkeit von einem relativ kleinen Kundenstamm, der aus Sicht eines jungen Unternehmens folglich mit der Zeit erst aufgebaut werden kann und muss, liegt das höhere Risiko des Scheiterns eines Start-ups nicht zuletzt in dessen Strukturen begründet. Oftmals sind Rollen und Aufgaben im unternehmerischen Alltag noch nicht klar verteilt, und deren Koordinierung kostet Zeit und Geld. Durch nicht standardisierte Prozesse fehlen Routinen, und es bestehen Ineffizienzen. Das Scheitern von Start-ups kann also durchaus in den fehlenden Strukturen begründet liegen.

Start-ups (und Unternehmen) können aber auch bewusst auf Agilität setzen. Viele Start-ups sind also auch deswegen agil, weil sie wollen. Dieser Wille lässt sich in verschiedenen Gegebenheiten aufzeigen, von denen ich auf zwei besonders eingehen möchte.

Erstens definieren sich Start-ups infolge der genannten harten Faktoren (vgl. Abb. 2.2) nicht zuletzt durch eine hohe Affinität zur Nutzung technologischer Neuerungen und deren Entwicklung. Sie sind also in Branchen aktiv, die agiles Arbeiten erforderlich machen. Die Projektentwicklung neuer Produkte und Dienstleistungen sowie die von Geschäftsmodellen insbesondere im digitalen Umfeld erfolgt hierbei international stetig durch agile Entwicklungsmethoden. Denken Sie an Arbeitsmethoden wie Scrum & Co. im Bereich der Softwareentwicklung. Bei diesen agilen Methoden wird im Unterschied zu klassischen Methoden der Projektsteuerung in hohem Maße auf Facetten wie iterative Entwicklungsprozesse, eine permanente Anpassung an sich verändernde Projektschritte, eine stärkere Einbeziehung des Kunden aus Nutzersicht oder Selbstorganisation von Teams gesetzt (Haufe 2022). Die Anforderung von Start-ups, einerseits in den Themenfeldern neuer und digitaler Technologien aktiv zu sein, andererseits als Nutzer derartiger digitaler Technologien, macht es unausweichlich, dass Start-ups sich mit agilen Arbeitsmethoden beschäftigen und schlicht agil agieren.

Ein anderer und zweiter Aspekt ist, dass Start-ups deswegen auf Agilität setzen, weil dies schlicht ein Wettbewerbsvorteil sein kann. Ich habe erwähnt, dass fehlende Organisationsstrukturen ein Grund für das Scheitern einer Existenzgründung sein können. Umgekehrt ist jedoch auch festzustellen, dass durch ein Übermaß an Organisation eine Einschränkung von Kreativität und Leistungsanreizen entstehen kann, sodass sich ein Unternehmen selbst lähmt. Agilität im Sinne von Flexibilität bedeutet auch, Freiräume für neue Ideen, Innovationen und die Chance zu haben, die eigene unternehmerische Komfortzone zu verlassen. Und gerade auch die Geschwindigkeit bei Entwicklung und Realisierung neuer Produkte oder Dienstleistungen ist ein wichtiger Aspekt. Dies ist sicherlich nicht zuletzt auch ein Grund dafür, dass große und etablierte Unternehmen in den letzten Jahren verstärkt auf Kooperationen mit Start-ups setzen. Sie wollen nebst neuen Ideen sicherlich auch einen Teil der eigenen „jugendlichen Unbekümmertheit" zurückbekommen. Durch Agilität erhofft man sich mehr Geschwindigkeit und Dynamik, eine stärkere Einbeziehung von Kunden oder schlicht ein anderes Miteinander in der eigenen Belegschaft. Für Start-ups wiederum schaffen diese Vorteile nach außen sowie nach innen einen Pluspunkt.

Agilität ist in Start-ups faktische Normalität, macht sie zugleich besonders und ist eine der wesentlichen Charaktereigenschaften.

3.2 Gestaltungswille

Start-ups wollen gestalten! Der typische Existenzgründer in Deutschland ist im Durchschnitt etwa 35 Jahre alt, ist in sechs von zehn Fällen männlich, gründet in 81 % der Fälle alleine, und er gründet, weil er dies möchte (und nicht, weil er aus wirtschaftlichen Gründen muss) (KfW 2022a). Bei Start-ups sehen die Statistiken leicht anders aus. Hier liegt der Altersdurchschnitt bei 36,4 Jahren. Der Anteil an Existenzgründerinnen beträgt nur 20,3 %. Alleine gründen hingegen nur 19,0 %. Vier Fünftel haben keinen Migrationshintergrund. Und über 80 % der Existenzgründer eines Start-ups haben einen Studienabschluss, vorzugsweise in den Fächern Wirtschaftswissenschaft oder in einem MINT-Fach (Mathematik, Informatik, Naturwissenschaften und Technik) (Bundesverband Deutscher Startups E.V. 2022, S. 21 ff.). So weit, so gut. Was hat der Blick in diese Statistik mit dem Gestaltungswillen eines Start-ups zu tun? Ganz einfach: nichts! Richtigerweise soll es an dieser Stelle um die Persönlichkeit des Existenzgründers gehen, aber eben nicht um seine biografischen Daten, sondern um die Charaktere der Personen, um die Typen. Denn letztere sind bei Start-ups oft besonders.

Wer ein Start-up gründet, der muss verrückt sein! Wenn man an Unternehmerpersönlichkeiten wie Elon Musk, Jeff Bezos, Steve Jobs, Bill Gates, Richard Branson und andere denkt, dann stimmen Sie mir sicherlich zu. Sie sind verrückt – verrückt im positiven Sinne von besonders. Denn was diesen Unternehmertypen – im Übrigen wie vielen anderen Personen, die nicht derart im Rampenlicht stehen – gemein ist, ist, dass sie Visionen hatten und haben, um mit ihrer Geschäftsidee die Welt zu verändern. Ob es Themen wie Mobilität, Shopping, Mediennutzung oder Raumfahrt sind, all diese Typen brennen für ihre Ideen und wollen diese als Unternehmer in die Tat umsetzen. Sie wollen die Welt oder zumindest einen Markt verändern, sie wollen gestalten. Auf derartige Visionäre kommt es an, diese machen Start-ups aus meiner Sicht zugleich erfolgreich (oder eben nicht). Eine (zweite) wichtige Charaktereigenschaften eines Start-ups nach der Agilität ist demnach der Gestaltungswille, den die Existenzgründertypen mitbringen.

Was zeichnet einen Unternehmer aus? Dies sind persönliche Eigenschaften wie das Streben nach (beruflicher) Unabhängigkeit, eine Affinität zur Lösung von Problemen (oft mit einem technischen Ansatz), eine hohe Eigenmotivation und Selbstkontrolle, aber auch emotionale Belastbarkeit, fachliche oder soziale Kompetenzen sowie Überzeugungskraft und die Bereitschaft zur Übernahme von Verantwortung (Kollmann 2018). Der Gründungsmonitor der KfW belegt insbesondere das Streben nach beruflicher Unabhängigkeit als Hauptmotiv der Existenzgründung eines Unternehmens (KfW 2022b, S. 12).

Erkenntnisse der Entrepreneurship-Forschung gehen einen Schritt weiter und haben untersucht, wie und warum erfolgreiche Unternehmer handeln und gestalten. Worum geht es? Es ist empirisch nachgewiesen, dass nicht nur Talent und Persönlichkeit, sondern auch bestimmte Handlungsweisen erfolgreiche Unternehmen ausmachen. Erfolgreiche Unternehmer setzen demnach bei ihren Entscheidungen auf eine aktive Gestaltung des eigenen Umfelds. Studien der sogenannten Effectuation-Ansätze zeigen insbesondere bei neuen und unsicheren Vorhaben, dass erfahrene Unternehmer nicht versuchen, vorab ein Ziel festzulegen (dieses wäre zum Beispiel, dass auf Grundlage einer Prognose und Planung eine bestimmte Anzahl eines Produktes zu definiertem Zeitpunkt in jenen Markt eingeführt wird, was zu bestimmten Handlungen durch das Unternehmen führt) und darauf hinarbeiten. Sie bringen vielmehr mit Partnern verfügbare Mittel und Ressourcen in kleinen Schritten in iterativer Art in ein an sich ungewisses Vorhaben ein. Produkte und Dienstleistungen entwickeln sich derart auch in Start-ups nicht selten in einem Lernprozess innerhalb des Unternehmens. Infolge bestehender Unwissenheit über die Zukunft wird auf Grundlage bestehender Mittel überlegt, welche Handlungsalternativen sich bieten, man versucht diese in Interaktion mit anderen zu realisieren, bei nicht Realisierbarkeit erfolgt eine Anpassung der Handlungsalternativen. Anstelle geplanter Erträge (die zum Zeitpunkt des Starts eines Unternehmens nicht immer kalkulierbar sind) konzentrieren sich diese Unternehmer auf den leistbaren Einsatz. Unwägbarkeiten werden eher als Chance denn als Herausforderung gesehen (Faschingbauer und Grichnik 2011). Dieser Exkurs in die Effectuation-Ansätze zeigt aus meiner Sicht sehr deutlich, dass Unternehmertum und das richtige Handeln gerade bei Unsicherheiten mit Blick auf das Geschäftsmodell im Sinne eines Prozesses erlernbar, umsetzbar und somit letztlich gestaltbar sind, was wiederum bei Start-ups kennzeichnend ist.

Wer ein Unternehmen gründet, der benötigt nicht nur besondere Persönlichkeitsmerkmale und (erlernbare) Fähigkeiten. Entscheidend ist, dass ein innerer Antrieb vorhanden ist, Herausforderungen mit Hilfe unternehmerischer Fähigkeiten gestalten zu wollen. Mentalität, Motivation, Lust auf Neues und Technologieoffenheit, Leidenschaft, Herzblut und Beharrlichkeit, als dies sind Eigenschaften, die ein erfolgreiches Start-up braucht und die es besonders machen. Start-ups und die in ihnen tätigen Menschen haben in der Regel Freude an Neuem und eine gewisse Experimentierfreudigkeit. Erfolgreichen Start-ups ist dieser Gestaltungswille als Charaktereigenschaft in die Wiege gelegt.

3.3 Expertisenvielfalt

Start-ups setzen auf vielfältige Expertisen! Start-ups sind agil in verschiedenen Facetten. Agilität und Flexibilität setzt voraus, dass man auf neue Entwicklungen zur Erarbeitung eines Produktes oder einer Dienstleistung reagieren kann. Letzteres ist jedoch dann nicht möglich, wenn zwar eine Handlungsnotwendigkeit erkannt wird, jedoch mangels Expertisen im Sinne von Fähigkeiten nicht reagiert werden kann. Gerade die oben erwähnte Vorgehensweise erfolgreicher Unternehmer, bei der Entwicklung von Geschäftsmodellen auf Mittel zurückzugreifen – was nicht zuletzt die Fähigkeiten der Existenzgründer oder die von Mitarbeitern oder Partnern sind –, setzt voraus, dass möglichst vielfältige Expertisen nutzbar sind. Stellen Sie sich zwei Kühlschränke vor: in einem finden sich drei Zutaten, im anderen dreizehn. Wenn Sie nun dahingehend kreativ sein müssten, mit den verfügbaren Inhalten je ein leckeres Abendessen auf den Tisch zu zaubern, bei welchem der beiden Kühlschrankinhalte wären Ihre möglichen Gerichte, die Sie zubereiten könnten, vielschichtiger?

Nebst biografischen Fakten zum durchschnittlichen Start-up-Existenzgründer sind wir bereits auf die unterschiedlichen Fähigkeiten eines Unternehmers eingegangen. Nebst persönlichkeitsspezifischen Merkmalen (Motivation, Engagement oder innerer Antrieb) braucht es insbesondere fachliche Fähigkeiten in zweierlei Form. Zum einen muss ein Existenzgründer Expertise darin haben, was er (beziehungsweise sein Start-up) auf einem Markt anbieten möchte (zum Beispiel die Fähigkeit zur Produktion eines Gutes oder zur Erbringung einer bestimmten Dienstleistung). Zum anderen muss er weiterführende Fähigkeiten in Sachen Unternehmensführung haben, mit Blick auf betriebswirtschaftliche, rechtliche oder etwa personalspezifische Fragestellungen. Dass Start-ups aber über die Person des Existenzgründers hinausgehend bewusst auf eine Bündelung von Expertisen setzen, zeigt relativ eindeutig – auch im Unterschied zu klassischen Gründungen – die Anzahl an

Einzelgründungen im Unterschied zu Teamgründungen: Während der Anteil der Solo-Existenzgründungen an allen Existenzgründungen in Deutschland bei knapp über 80 % liegt (KfW 2022a), liegt der Anteil von Solo-Existenzgründungen bei Start-ups lediglich bei nur 19,0 %. Wer ein Start-up gründet, der tut dies eben in der Großzahl aller Fälle nicht alleine – sicherlich nicht zuletzt, um unterschiedliche Fähigkeiten und Expertisen in das Innere das Start-up, das Existenzgründungsteam, von Beginn an zu integrieren. Diese Aussage wird dadurch verstärkt, dass in der überwiegenden Anzahl (62,7 %) der Existenzgründungen Start-up-Teams aus Personen zusammengesetzt sind, die unterschiedliche Expertisen zum Beispiel in den Bereichen Technologie oder Betriebswirtschaft besitzen. Einseitige Expertisen und Teams, in denen womöglich nur eine Fähigkeit vorhanden ist, gehören zur Minderheit (Bundesverband Deutsche Startups e. V. 2022, S. 22). Diese Aussagen zeigen aus meiner Sicht sehr anschaulich, dass insbesondere durch den Aspekt der gemeinsamen Expertisen und die angestrebte Vielfalt im Start-up eine wesentliche und besondere Eigenschaft definiert wird.

Start-ups setzen auf eine bunte und vielschichtige Mischung an Fähigkeiten, um nicht nur die Fähigkeiten zur bestmöglichen Entwicklung von Produkten und Dienstleistungen zu haben, sondern auch, um mit Blick auf die frühe Unternehmensphase, die von steten Anpassungen an sich verändernde Rahmenbedingungen geprägt ist, Reaktionsfähigkeiten zu haben. Insbesondere in einer äußerst dynamischen Welt und im Zusammenspiel mit anderen Charaktereigenschaften wie dem Gestaltungswillen, der Risikotoleranz oder der Zukunftsorientierung ist es erforderlich, die bestmöglichen Fähigkeiten zu kombinieren. Erfolgreiche Start-ups setzen bewusst auf Expertisenvielfalt.

3.4　Risikotoleranz

Start-ups gehen ins Risiko! Wer ein Unternehmen gründet, der bewegt sich auf unsicherem Terrain. Es gibt keine Gewissheit darüber, ob die getroffene Karriereentscheidung entweder zu beruflichem Erfolg, Wohlstand, Anerkennung und Zufriedenheit oder in die Pleite führt. Es ist unklar, ob das Produkt den erforderlichen Absatz findet, ob es die eigene Dienstleistung braucht oder schlicht, ob man die geeigneten Mitstreiter in Form von Teamkollegen oder Mitarbeitern findet. Jede Existenzgründung birgt ein Risiko.

Ich habe zu früherem Zeitpunkt schon auf das Risiko des Scheiterns von Existenzgründungen und Start-ups hingewiesen. Lassen Sie mich diese Aussage hier nochmals aufgreifen und konkretisieren: Bezogen auf alle Existenzgründungen spricht die KfW von der „3–30-Faustregel" (KfW 2022a, S. 10). Innerhalb von drei Jahren beenden demnach 30 % der Existenzgründungen aus den unterschiedlichsten Gründen ihre Geschäftstätigkeit. Bei Start-ups liegt die Abbruchquote je nach Studie und Untersuchung deutlich höher – teils bei bis zu 90 % (Embroker 2023). Wenngleich diese Ergebnisse und insbesondere die tatsächliche Wahrscheinlichkeit des Scheiterns stets mit Vorsicht zu genießen sind, da die Erfolgswahrscheinlichkeit einer Existenzgründung und damit auch die eines Start-ups an zahlreichen Faktoren, wie Kapitalausstattung, Team oder Branche beziehungsweise Marktbedarf des angebotenen Produkts (Zukunftsinstitut 2023) hängt, scheint aus meiner Sicht doch eindeutig, dass Start-ups schon zum Zeitpunkt der eigenen Existenzgründung von einer besonderen Risikotoleranz geprägt sind.

Risiko ist Teil von Unternehmertum – und dies ist gut so. Denn Risiko (zum Beispiel das Risiko, dass die eigene Existenzgründung scheitert) korreliert in der Regel mit potenziellen Erträgnissen. Letzteres kann Belohnung in Form von Wohlstand und Reichtum sein, aber auch beispielsweise dahin gehen, dass ein Produkt oder eine Dienstleistung einen großen Nutzen für möglichst viele Menschen schafft, sei es durch eine qualitative Verbesserung einer bisher bezogenen Leistung, ein preisgünstigeres Angebot, eine bessere Lebensqualität oder gar Gesundheit. Und bei Existenzgründungen und eben Start-ups ist das Risiko ungleich größer als bei etablierten Betrieben. Planbarkeiten sind anders, wenn Produkte schon auf einem Markt eingeführt sind, als wenn unter Umständen noch nicht einmal klar ist, ob es überhaupt einen Markt gibt, weil die Kaufbereitschaft der als potenziell prognostizierten Kundschaft nicht bekannt ist. Aber Chancen ohne Risiken gibt es nicht. Bei Start-ups ist das Risiko ungleich größer aufgrund der Wachstumsfokussierung und des angestrebten skalierbaren Geschäftsmodells.

Das Thema Risikotoleranz und Erträgnisse geht übrigens auch mit folgendem Gedanken einher, den ich an dieser Stelle aufgreifen möchte: Risiko soll sich (finanziell) lohnen! Zwar mögen die Faktoren und Motive zur Gründung eines Start-ups (siehe Gestaltungswille) vielschichtig sein, aber letztlich streben sechs von zehn Start-ups einen sogenannten Exit an, das heißt die Beendigung des Engagements, zum Beispiel durch Veräußerung des Unternehmens an ein anderes Unternehmen (Bundesverband Deutsche Startups e. V. 2022, S. 38). Dies ist zugleich ein wesentlicher Faktor, der ein Start-up im hiesigen Sinne von klassischen Existenzgründungen oder dem oftmals inhabergeführten Mittelstand unterscheidet, der vielmehr langjährige, generationenübergreifende Traditionen aufbauen möchte und ebenda nicht bereits in der frühen Existenzgründungsphase an einen Abschied aus dem Unternehmen denkt. Betonen möchte ich, dass diese Intention nicht negativ bewertet werden muss. Viele erfolgreiche Existenzgründer sind sogenannte Serienexistenzgründer, die viele erfolgreiche Unternehmen aufbauen und zum Beispiel erhaltene Finanzmittel durch den Verkauf eines Start-ups direkt in die Existenzgründung eines nächsten Start-ups stecken (startupdetector 2021, S. 16). Dass Start-ups, die enorm erfolgreich werden, und dies letztlich auch finanziell – beispielsweise für die Existenzgründer oder Business Angels (das heißt für Investoren) – eher Ausnahme denn Regel sind, zeigt nicht zuletzt die Tatsache, dass wir bei besonders erfolgreichen Start-ups von Unicorns (Einhörnern)[2] sprechen, welche eben – so die Sage – sehr selten sind.

Mit Blickrichtung eines angehenden Unternehmers liegt die Kunst darin, mit Risiken zu leben, sie zugleich handhabbar und kontrollierbar zu machen. Laut Global Entrepreneurship Monitor geben 44,3 % der potenziellen Existenzgründer an, Angst vor dem Scheitern zu haben (Global Entrepreneurship Monitor 2023, S. 136). Als ehemaliger Existenzgründungsberater würde ich Ihnen daher stets dazu raten, einen Businessplan selbstständig zu erarbeiten. Dieser zwingt Sie schlicht dazu, sich mit Unwägbarkeiten und vermeidbaren Fettnäpfchen bei

---

[2] Gemeint sind mit Unicorns vereinfacht gesagt (noch) nicht börsengelistete Start-ups, die eine Marktbewertung von über 1 Mrd. US-Dollar oder Euro haben.

der Existenzgründung auseinanderzusetzen – und, falls Sie Unterstützung in fremder Expertise brauchen, ob durch Beratungsdienstleistungen, Mentoren oder Business Angels, diese mit in Ihr Vorhaben einzubeziehen.

Start-ups leben mit Risiken. Risikotoleranz im Sinne der Bereitschaft zum Tragen (und Lösen) von Risiken ist eine besondere Charaktereigenschaft von Startups – dies zeigen, wie erwähnt, auch die Wahrscheinlichkeiten des Scheiterns des Vorhabens. Wer weiß, dass ein unternehmerisches Vorhaben in einer bestimmten Branche mit 90%iger Wahrscheinlichkeit scheitert, der weiß, was Risikoabwägung bedeutet – auch im Unterschied zu klassischen Gründungen oder etablieren Unternehmen.

Lassen Sie mich abschießend zwei weitere Aussagen treffen, weshalb Risikotoleranz und Akzeptanz im Wesenskern eines Start-ups fest verankert ist. Zum einen – die Charaktereigenschaft Zukunftsorientierung vorwegnehmend – beschäftigen Start-ups sich auch mit Ideen, Technologien und Themen der Zukunft. Diese zeigt aus meiner Sicht perfekt, dass ein Start-up, das sich per Definition mit Ungewissheiten (denn was ist der Blick in die Zukunft anderes als ungewiss) beschäftigt, mit Risiken im positiven Sinne lebt. Als zweite Aussage möchte ich – mit einem kleinen Augenzwinkern – darauf verweisen, dass laut EU Startup Monitor neun von zehn Start-ups in Europa angeben, auch kritische Informationen innerhalb des Unternehmens offen und transparent zu kommunizieren (EU Startup Monitor 2018, S. 11). Vertrauen und Transparenz sind wichtig, liegen jedoch in der Regel dann dauerhaft vor, wenn kein Misstrauen vorliegt. Aber ein Restrisiko bleibt eben doch bestehen, oder nicht? Vielleicht ist auch das ein Argument für eine höhere Risikotoleranz der Start-ups.

Start-ups sind ihrer Idee nach in innovativen, technologisch meist neuen und jungen Geschäftsfeldern aktiv. Ihr Unternehmenserfolg ist mit erhöhter Unsicherheit behaftet. Eine besondere Charaktereigenschaft von Start-ups ist deren Risikotoleranz.

3.5 Stakeholderprägung

Start-ups setzen auf die Gemeinschaft! Stakeholder sind Interessensgruppen oder Anspruchsgruppen eines Unternehmens – hier eines Start-ups (Breuer 2018). Hierbei ist die Gruppe der Stakeholder von Start-ups sehr unterschiedlich. Es können Mitarbeiter (oftmals sind ja gerade die Existenzgründer die eigenen Mitarbeiter, und dies nicht selten für lange Zeit), Geschäftspartner, Wettbewerber, Zulieferer und Lieferanten, Kapitalgeber oder Sonstige wie die Öffentlichkeit sein. Beim sogenannten Stakeholder-Ansatz ist es nicht zuletzt Aufgabe eines Unternehmens (und der Geschäftsführer), die Interessen dieser Anspruchsgruppen in die unternehmerischen Entscheidungen miteinbeziehen. Anstelle des Grundsatzes „Ich bin alleine für mein Glück verantwortlich." hängt der Erfolg eines Unternehmens nicht zuletzt auch von den Interessensgruppen ab. Egoistisches Verhalten und eine Nichtberücksichtigung der eigenen Umwelt (im Sinne der Anspruchsgruppen) ist deplatziert. Aus meiner Sicht ist diese Stakeholderprägung ein weiterer Wert und eine Besonderheit eines Start-ups.

Zunächst einmal ist festzustellen, dass ein typisches Start-up selten allein gegründet wird. Nach Deutschem Startup Monitor aus dem Jahr 2022 lag die Teamgröße im Durchschnitt bei 2,4 Personen, wobei acht von zehn Start-ups im Team gegründet wurde (Bundesverband Deutsche Startups e. V. 2022, S. 22). Andere Erhebungen weisen eine durchschnittliche Anzahl an Existenzgründern von 2,7 auf (EU Startup Monitor 2018, S. 11). Die Gründung eines Start-ups erfolgt in der überwiegenden Anzahl der Fälle in Deutschland nicht alleine. Meisten sind laut Erhebung Zweierteams (39,3 %) oder Dreierteams (27,8 %) anzufinden (Bundesverband Deutsche Startups e. V. 2022, S. 22). Bezogen auf den Aspekt der hier als Besonderheit diskutierten Stakeholderprägung bedeutet dies, dass die Berücksichtigung von Anspruchsgruppen den meisten Start-ups schon deswegen in die Wiege gelegt ist, weil eine Existenzgründung in den meisten Fällen im Team – also zumindest mit zwei potenziell nicht immer deckungsgleichen Interessen – startet.

Gehen wir von den Existenzgründerteams und dem Start-up gedanklich zum „sozialen" Umfeld: Dieses auch als Ökosystem für Start-ups betitelte Habitat ist einer der wesentlichen Faktoren für den wirtschaftlichen Erfolg eines Start-ups. Zu den einzelnen Facetten eines Ökosystems[3] gehören eine ganze Vielzahl an Anspruchsgruppen. Zu nennen sind zum Beispiel andere Start-ups, aber auch potenzielle Kunden (die nicht selten hierzulande aus dem Mittelstand stammen). Weiterhin zählen selbstredend eigene und potenzielle Mitarbeiter zum Ökosystem, ebenso wie relevante Institutionen für Ort – nicht selten sind dies zum Beispiel die Hochschulen, da dort mit den Studenten nicht nur potenzielle Fach- und Führungskräfte aufzufinden sind, gerade mit Blick auf das vorhandene Wissen in den Hochschulen bieten sich bedeutsame Synergiepotenziale in Sachen Innovation zwischen Start-ups und den genannten Institutionen. Aber auch Branchen- sowie Technologiepartner wie außeruniversitäre Forschungseinrichtungen, Kammern oder Existenzgründerzentren sind wichtige Akteure eines starken Ökosystems für Start-ups. Nicht unerheblich – und hier abschließend und stellvertretend für viele weitere Anspruchspartner genannt – gehören potenzielle Kapitalgeber gerade in der Start-up-Welt zu einem unabdingbar bedeutsamen Partner.

Start-ups sind insbesondere geprägt durch eine enorme Stakeholderkultur. Diverse detaillierte Ansätze, die bestätigen, dass Start-ups im hiesigen Sinne als eine wesentliche Charaktereigenschaft von einer Stakeholderprägung gezeichnet sind, lassen sich aufzeigen. Sie hatten gelesen, dass Start-ups wesentlich die Einbeziehung bestmöglicher Fachexpertisen prägt. Dies geht nur dann, wenn Dritte mit in die Entwicklung des Unternehmens mit eingebunden werden. Einige wenige möchte ich nun an dieser Stelle nennen, indem kurz (stellvertretend für viele weitere Beispiele) auf die Beziehungen von verschiedenen Stakeholdern eingegangen wird – konkret: Mitarbeiter, Hochschulen sowie Kapitalgeber:

Zum ersten hatte ich Ihnen erklärt, dass der Großteil der Start-ups nicht alleine gegründet wird durch eine einzelne Person, sondern dass die Existenzgründung zumeist im Team stattfindet: Aus meiner Sicht ein wichtiges Indiz für die Stakeholderprägung. Laut EU Startup Monitor geben 97,5 % der Start-ups an, sogar auf internationale Gründerteams

---

[3] Alleine die Tatsache, dass über ein Ökosystem für Start-ups gesprochen wird und deren Relevanz für den wirtschaftlichen Erfolg eines Start-ups, belegt meiner Aussage, dass Start-ups per Definition in hohem Maße von Beginn ihres Bestehens an vom Stakeholdergedanken geprägt sind.

zurückzugreifen (EU Startup Monitor 2018, S. 11). Es gibt andere Erhebungen wie den Deutschen Startup Monitor in Bezug auf die Herkunft der Mitarbeiter in den Start-ups (Bundesverband Deutsche Startups e. V. 2022, S. 21), aber unabhängig von den konkreten Daten ist – und dies spiegelt auch meine eigene Erfahrung in der Existenzgründungsberatung oder infolge gemeinsamer Kooperationsprojekte, beispielsweise mit Hochschulen, wider – eine nicht unerhebliche Anzahl an internationalem Spirit in Start-ups zu verzeichnen, was nicht zuletzt auch eine kulturelle und menschliche Bereicherung darstellt. Und die Tatsache, dass Mitarbeiterbeteiligungen am Unternehmen durchaus ein wichtiges Thema in Start-ups sind, bestätigt diese kommunizierte Stakeholderprägung als weiteres Argument mit Nachdruck (Bitkom e. V. 2022, S. 18).

Ein zweiter Praxisblick in die Stakeholderprägung von Start-ups zeigt sich im Zusammenspiel mit Hochschulen. Die Technologieorientierung von Start-ups und damit die Anforderungen, stets neue Entwicklungen in potenzielle Geschäftsideen integrieren zu müssen, die Tatsache einer hohen Anzahl an Start-up-Existenzgründern mit Studienabschluss (Bundesverband Deutscher Startups E.V. 2022, S. 21 ff.) sowie eine durchaus beachtliche Anzahl an Ausgründungen aus den Hochschulen heraus – laut Gründungsradar waren es zuletzt immerhin 12,8 Gründungen je 10.000 Studierende (Fritzsche, Kesser und Schröder 2023) – sind einige Beispiele für das Miteinander. Start-ups und Hochschulen sind eng miteinander verknüpft, letztere sind wichtige Stakeholder aus Sicht von Start-ups.

Zum Dritten möchte ich die Stakeholderprägung am Beispiel der Kapitalgeber im Zusammenspiel mit Start-ups veranschaulichen. Mit Blick auf das Thema Finanzierung ist einerseits festzuhalten, dass die Frage der Finanzierung eines Start-ups wie kein anderes an der zugrundeliegenden Definition des Begriffes Start-up hängt. Betrachtet man insbesondere die Finanzierung von Start-ups, sind die für ein derartig junges Unternehmen in einer frühen Unternehmenszyklusphase geeigneten Finanzierungsquellen Eigenmittel oder staatliche Mittel, aber auch insbesondere Mittel von Business Angels, Venture Capital-Gebern etc. (Müller 2019, S. 224). Gehen wir aber von der hiesigen Grundlage und insbesondere den Facetten der Skalierbarkeit des Geschäftsmodells bei hoher Technologieaffinität aus, so kommt man mit Blick auf die Frage nach der Finanzierung definitiv nicht um Venture Capital bzw. Risikokapital (Genders 2023) und anderweitiges externes Kapital als Finanzierungsquelle herum. Wenngleich die Präfenzen anders liegen, ist der überwiegende Anteil der Start-ups in Deutschland auf Risikokapitalgeber, Business Angels, strategische Investoren, aber auch staatliche Fördermittel angewiesen (Bundesverband Deutsche Startups e. V. 2022, S. 35/36). Die Notwendigkeit des gemeinsamen Miteinanders mit Finanzmittelgebern ist also unabdingbar für Start-ups.

Einen Gedankengang möchte ich zum Ende dieses Kapitels noch thematisieren, nämlich mit Blick auf Potenziale für Start-ups im Bereich der Stakeholderprägung. Trotz Stakeholder-Ansatz für Start-ups insbesondere im Außenverhältnis bestehen mit Blick auf ein jeweilig betrachtetes Start-up noch Potenziale der Optimierung, nämlich zum Beispiel der Existenzgründungsquote von Frauen im Start-up-Bereich. Diversität in all ihren Facetten spielt laut Bundesverband Deutsche Startups e. V. unter Bezugnahme auf die Initiative #startupdiversity eine wichtige Rolle in der Start-up-Community (Bundesverband Deutsche Startups e. V. 2023). Und auch in der Start-up-Strategie der Bundesregierung räumt man der Diversität – bezogen auf Gründungen durch Frauen oder Menschen mit Migrationshintergrund, aber auch durch Vielfalt von positiven Start-up-Rahmenbedingungen im gesamten Land und eben nicht nur in einigen markanten Hotspots wie Berlin oder München – einen wichtigen Stellenwert ein (Bundesministerium für Wirtschaft und Klimaschutz 2022, S. 14 ff.). Dennoch erfolgt diese Ausrichtung beispielsweise bei der Bundesregierung nicht zuletzt deswegen, weil Handlungsbedarf besteht. Man agiert in der Hoffnung, eine Steigerung der Gründungsdynamik bei Start-ups durch Frauen, die im Durchschnitt mit zuletzt rund 20 % Anteil an allen Gründungspersonen relativ selten ein Start-up gründen (Bundesverband Deutsche Startups e. V. 2022, 21), bewirken zu können. Dies ist umso erstaunlicher, wenn im Durchschnitt von zehn Gründungsinteressierten hierzulande mindestens vier Frauen sind (Deutscher Industrie- und Handelskammertag 2022, S. 9). Dies zeigt, dass Frauen in Start-ups deutlich unterrepräsentiert sind. Eine Veränderung dieser Situation wäre wünschenswert, nicht zuletzt aus dem Grund, dass diverse Teams einen positiven Einfluss auf den Unternehmenserfolg haben (McKinsey & Company 2020).

3.6 Zukunftsfokussierung

Start-ups denken stets an morgen! Eine Charaktereigenschaft von Start-ups ist deren Zukunftsorientierung. Start-ups entwickeln heute Geschäftsmodelle, die sich mit Herausforderungen beschäftigen, die morgen bewältigt werden sollten.[4] Start-ups sind nicht zuletzt deswegen zukunftsorientiert und somit Treiber von Innovationen – und dafür als Kooperationspartner für gerade Mittelständler interessant –, weil ihre Geschäftsmodelle von neuen Technologien geprägt werden und sie nicht zuletzt per Definition (Kap. 2) eine große Offenheit für diese Belange haben (müssen). Laut Deutschem Startup Monitor 2022 räumen 45,2 % der Start-ups hierzulande Künstlicher Intelligenz mindestens großen Einfluss auf das Geschäftsmodell ein, 32,6 % sehen dies bei Industrie 4.0 so, immerhin 30,9 % beim Thema Internet of Things (zum Beispiel Smart Home, Wearables). Und immerhin nur die Hälfte erwartet zum Beispiel durch ein vermeintliches Randthema wie Metaverse überhaupt keinen Einfluss auf das Geschäftsmodell (Bundesverband Deutsche Start-ups e. V., 2022, S. 30). Und wenn Sie an weitere Themen wie Finanzierung (FinTec), Versicherungen (InsurTec) oder zum Beispiel Gesundheit (Digital Health) denken, zeigt das die Bandbreite in Sachen Zukunftsprägung von Start-ups. Schnelligkeit, Kreativität und Innovation sind Eigenschaften, die den Weg in die Zukunft begleiten.

Die Zukunft wird aus meiner Sicht von zwei wesentlichen Treibern bestimmt: Digitalisierung und Nachhaltigkeit. Dass Start-ups insbesondere auf den Megatrend der Zukunft – die Digitalisierung in all ihren Facetten – setzen, ist unbestritten. So ist es nicht verwunderlich, dass zwei Drittel der Start-ups (65,1 %) in Deutschland sich selbst einem digitalen Geschäftsmodell wie angewandter IT, Online-Plattform-Technologie, Softwareentwicklung oder Online-Handel zuordnen. Und

---

[4] Wäre dies nicht der Fall, dann würde eine Existenzgründung eines Unternehmens per se ja keinen Sinn machen, oder?

immerhin 26,5 % gehen von hybriden Geschäftsmodellen (das heißt digitalem und analogem Geschäftsmodell in Kombination) aus (Bundesverband Deutsche Startups e. V. 2022, S. 17). So verwundert es auch nicht, dass der weit überwiegende Anteil der Start-ups in Deutschland der Branche Informations- und Kommunikationstechnologie zuzuordnen ist, gefolgt von Medizin und Gesundheitswesen sowie Konsumgüter und Ernährung (Bundesverband Deutsche Startups e. V. 2022, S. 16). Aber auch Branchenspektren wie Industrie, Mobilität oder Finanzen sind wichtige Bereiche, die von Start-ups besetzt werden (startupdetector 2021, S. 11). Dass Start-ups neben dem einen großen Megatrend insbesondere auch auf den zweiten wesentlichen großen Megatrend unserer Zeit, nämlich auf Nachhaltigkeit setzen, darauf möchte ich später explizit in Kap. 4 eingehen, schließlich ist das ja ein Schlüsselthema des vorliegenden Buches. Daher erspare ich mir an dieser Stelle weitergehende Ausführungen, aber ich verspreche Ihnen, hierauf an späterer Stelle zurückzukommen.

Eine Charaktereigenschaft, die ein Start-up von anderen Unternehmen unterscheidet, ist der Glaube an eine Zukunft, die durch technologische Schritte beeinflusst werden kann. Sie sind Trendsetter und kreative Innovatoren, nicht zuletzt auch (siehe Charaktereigenschaft Gestaltungswille), um diese Zukunft beeinflussen zu können.

3.7 Start-ups im Vergleich zum Mittelstand

In Abschn. 2.3 bin ich bereits kurz auf den Mittelstand eingegangen und dessen Definitionsansätze. Lassen Sie mich diesen Gedanken aufgreifen und mit Blick auf die Besonderheiten der Start-ups nun an dieser Stelle nochmals kurz explizit einige Unterschiede betonen zum Mittelstand – auch ausgehend von der hiesigen Start-up-Definition sowie deren Besonderheiten.

Wenn wir Start-ups als jung, innovativ, wachstumsstark, mit skalierbarem Geschäftsmodell und technologiegetrieben ansehen und ihnen als Besonderheiten zudem die Eigenschaften Agilität, Gestaltungswille, Expertisenvielfalt, Risikotoleranz, Stakeholderprägung und Zukunftsfokussierung zuordnen, dann wäre die logische Schlussfolgerung, dass

Mittelständler (oder eben alle anderen Existenzgründungen) diese Eigenschaften genau nicht besitzen.

Schauen wir auf die harten Faktoren (vgl. Abb. 2.2) stimmt diese Aussage, dass der Mittelstand eben diese harten Faktoren nicht per se besitzt, die ein Start-up ausmachen. So ist durchaus anerkannt, dass ein etablierter Mittelständler eher auf langfristige Wachstumsstrategien denn auf skalierbare und schnell wachsende Geschäftsmodelle setzt. Auch setzen Start-ups eher auf radikale Innovationen als Mittelständler im Sinne der beabsichtigten vollständigen Veränderung von Märkten. Und das Alter eines Start-ups gegenüber einem etablierten Mittelständler ist per Definition bereits ein anderes (Löher et al. 2017, S. 8).

Schauen wir auf die weichen Faktoren (vgl. Abb. 2.2), ist die Situation eine andere. Insbesondere wenn wir von Besonderheiten von Start-ups sprechen, deutet zwar schon der gewählte Begriff der Besonderheit auf ein Unikat hin, was eben anderen Unternehmen nicht gegeben ist. Und ich sage: Ja, dem ist so! Aber ich sage zugleich: Das ist nicht immer und überall so. Die Welt (gerade bei dem Versuch, Unternehmen nach Charaktereigenschaften zu differenzieren) ist eben nicht schwarz und weiß, sondern meistens gibt es einen bunten Blumenstrauß an Gegebenheiten, so eben auch an mittelständischen Unternehmen. Es gibt etablierte Unternehmen, die über die Besonderheiten der Start-ups verfügen, aber es gibt eben auch Gegenteiliges. Und in der Folge gibt es – so wie bei der Gesamtheit der Start-ups und deren Besonderheiten – auch beim Mittelstand gewisse Charaktereigenschaften, die ihn besonders machen und somit von Start-ups – in Anlehnung an die sechs genannten Besonderheiten – unterscheiden. Auf diese Aspekte möchte ich hier eingehen.

Setzen Start-ups zum Beispiel auf Agilität, so sind Mittelständler häufiger traditionell organisiert und vertrauen auf Routine in ihren Arbeitsprozessen. Eine Steuerung nach Kennzahlen in gewachsenen Strukturen eines Unternehmens mit vorhandenen Hierarchie- und Entscheidungskompetenzen ist logischerweise mit einer anderen Reaktions- und Handlungsgeschwindigkeit verbunden als in einem hierarchisch flachen Miteinander, in dem jeder alles macht und Geschwindigkeit und Agilität über allem stehen. Nicht selten behindern aber eben auch regulative Anforderungen für den Mittelstand – denken

Sie an die schier unendliche Anzahl an Berichtspflichten oder anderweitige Anforderungen, die dem mittelständischen Unternehmer, selbst wenn er wollte, oftmals gar nicht die Chance für Agilität im Sinne der Start-ups lassen. Letztlich hemmt nicht zuletzt auch eine gewachsene Struktur den Gestaltungswillen in Unternehmen.

Anstelle von Risikotoleranz und auch der Erkenntnis und dem Bewusstsein einer hohen Unsicherheit mit Blick auf Geschäftserfolg setzt der Mittelstand häufiger auf eine Fehlervermeidungsstrategie und Risikominimierung, nicht zuletzt auch infolge zum Beispiel bestehender Verantwortlichkeiten gegenüber Kunden, Lieferanten oder einem (meist größeren) eigenen Mitarbeiterkreis oder der Unternehmerfamilie. Dies führt letztlich auch dazu, dass als Ziel des Mittelstands eher ein Erhalt der Wettbewerbsfähigkeit und die eigene Unabhängigkeit als die disruptive Veränderung von Märkten angesehen werden kann (Löher et al. 2017, S. 8).

Richtigerweise setzen gerade Mittelständler auf vielfältige Expertisen und bewegen sich in einem komplexen Umfeld unterschiedlicher Anspruchsgruppen beziehungsweise Stakeholder. Aber aus meiner Sicht gibt es den wesentlichen Unterschied zu Start-ups, dass der Mittelstand dies nicht in der erforderlichen Abhängigkeit tun muss wie ein Start-up, die Abhängigkeit von diesen Charakteristika und somit nachfolgende Handlungsweisen sind andere. Ein etabliertes Unternehmen kann im Fall der Fälle Themen auch selbst dahingehend lösen, dass zum Beispiel Kompetenzen selbst aufgebaut werden im Tausch gegen Ressourcen. Es kann durch Kooperationen Wissen adaptieren, muss aber nicht (wenngleich es natürlich sinnvoll wäre). Hinzu kommt der Unterschied mit Blick auf die Stakeholderprägung, dass vielleicht zum Beispiel Produkte schon entwickelt sind (also warum Einbeziehung von Expertisen aus Hochschulen?), weil man als Arbeitgeber schon einen guten Ruf hat (also warum Anstrengungen in Richtung junger Menschen unternehmen?) oder weil man bereits eine Marke etabliert hat, die von den Kunden ohnehin gekauft wird (also weshalb potenzielle Kunden in iterativen Prozessen in die (Weiter-)Entwicklung von Produkten einbeziehen?). Die aktive Einbindung von Anspruchsgruppen ist – wenngleich ich Sie Ihnen aktiv ans Herz lege, aber auf die Handlungsempfehlungen komme ich in Kap. 5 ohnehin zu sprechen – nicht mehr so essenziell (zumindest in einer kurzen Betrachtungsweise) für einen Mittelständer wie für ein Start-up, welches ohne diese Einbindung keinerlei Chance hat, erfolgreich zu werden. Der Mittelstand kann ohne diese zumindest kurzfristig bleiben.

Disruptive Veränderungen, die eine Zukunftsfokussierung prägen, durch eigene Produkte oder Dienstleistungen sind selbstredend dann umso schwieriger zu realisieren, wenn man bereits eigene Marktanteile mit den eigenen Produkten und Dienstleistungen besitzt. Den Aspekt des Erhalts von Wettbewerbsfähigkeit entgegen der Zerstörung bestehender Märkte hatte ich schon erwähnt. Für im Markt etablierte Unternehmen ist es schwierig, mit Innovationen Märkte zu verändern und durch neue Technologien damit auch zukunftsgetriebene Wege zu bestreiten, da man letztlich am eigenen Ast sägt, auf dem man sitzt – man bezeichnet dies auch als Innovationsdilemma (Christensen 1997).

Trotz aller Vorsicht hinsichtlich der richtigen Vermeidung von Pauschalisierungen lässt sich meiner Einschätzung nach mit ruhigem Gewissen sagen, dass Start-ups und Mittelständler zwar Vieles gemeinsam haben können, dies aber eben oft nicht haben. Das trifft auf objektiv eindeutige Fakten wie Alter des Unternehmens oder Größe mit Blick auf Mitarbeiter zu, ebenso kann es Unterschiede in Sachen Geschäftsausrichtungen und strategischem Verständnis geben. Aber diese Unterschiede betreffen neben den harten eben auch weiche Faktoren, namentlich die von mir an vorderer Stelle herausgearbeiteten Besonderheiten von Start-ups.

Wie Sie sehen, nachdem Sie auch mehr über die sechs besonderen Charaktereigenschaften von Start-ups erfahren haben, Start-ups sind besonders. Es scheint also logisch, dass gerade Mittelständler daran interessiert sind, wie Start-ups denken und handeln. Und dieser Ansatz, von Start-ups lernen zu wollen, ist richtig.

> **Fazit**
> - Start-ups sind geprägt von diversen Einflussfaktoren und besitzen bestimmte Merkmale. Hinzu kommen besondere Charaktereigenschaften von Start-ups.

- Nebst harten Charaktereigenschaften wie geringes Alter, den Ansatz eines skalierbaren Geschäftsmodells oder eine hohe Technologieaffinität, sind Start-ups von sechs weichen Charaktereigenschaften geprägt. Sie denken und handeln agil, sie wollen gestalten, sie setzen auf vielfältige Expertisen, sie gehen ins Risiko, sie setzen auf die Gemeinschaft und sie denken stets an morgen.
- Agilität, Gestaltungswille, Expertisenvielfalt, Risikoakzeptanz, Stakeholderprägung und Zukunftsorientierung sind diejenigen Eigenschaften, die Start-ups besonders machen.

Literatur

Bendel O (2019) Agilität. Gabler Wirtschaftslexikon. https://wirtschaftslexikon.gabler.de/definition/agilitaet-99882/version-368852. Zugegriffen: 1. Mai 2023

Bitkom e.V. (2022) Bitkom Startup Report 2022. Ergebnisse einer Online-Befragung unter Gründerinnen und Gründern von Tech-Startups in Deutschland. Berlin. https://www.bitkom.org/sites/main/files/2022-08/220 20811_Bitkom_Startup_Report_2022_AS.pdf. Zugegriffen: 30. Apr 2023

Breuer C (2018) Stakeholder-Ansatz. Gabler Wirtschaftslexikon. https://wirtschaftslexikon.gabler.de/definition/stakeholder-ansatz-46282/version-269567. Zugegriffen: 26. Apr 2023

Bundesministerium für Wirtschaft und Klimaschutz (2022) Die Start-up-Strategie der Bundesregierung. Juli 2022, Bundesministerium für Wirtschaft und Klimaschutz, Berlin

Bundesverband Deutsche Startups e.V. (2023) Für mehr Frauen im Startup-Ökosystem! https://startupverband.de/politik/startupdiversity/. Zugegriffen: 30. Apr 2023

Bundesverband Deutsche Startups e.V. (2022) Deutscher Startup Monitor 2022. Innovation – gerade jetzt. In: T Kollmann, C Strauß, A Pröpper, C Faasen, A Hirschfeld, J Gilde, V Walk (Hrsg.). PwC Deutschland/Bundesverband Deutsche Startups e.V., Frankfurt a. M./Berlin

Christensen C (1997) The Innovator's Dilemma: When New Technologies Cause Great Firms to Fail. Harvard Business Review Press, Boston

Deutscher Industrie- und Handelskammertag (2022) DIHK-Report Unternehmensgründungen 2022. Unsicherheiten prägen Gründungsgeschehen. Deutscher Industrie- und Handelskammertag (DIHK) e.V., Berlin

Embroker (2023) 106 Must-Know Startup Statistics for 2023. https://www.embroker.com/blog/startup-statistics/. Zugegriffen: 1. Mai 2023

EU Startup Monitor (2018) EU Startup Monitor. Steigertahl L, Maurer R, ESCP Europe Jean-Baptiste Say Institute for Entrepreneurship. http://startupmonitor.eu/EU-Startup-Monitor-2018-Report-WEB.pdf. Zugegriffen: 30. Apr 2023

Faschingbauer M, Grichnik D (2011) Effectuation. Das Unternehmerische im Unternehmen wecken. Change Manage 5(80):337–344

Fischer S (2017) Was ist Agilität und welche Vorteile bringt eine agile Organisation? 27.03.2017. https://www.haufe.de/personal/hr-management/agilitaet-definition-und-verstaendnis-in-der-praxis_80_405804.html. Zugegriffen: 1. Mai 2023

Fritzsche K, Kessler M, Schröder E (2023) Gründungsradar 2022. Wie Hochschulen Unternehmensgründungen fördern. Stifterverband für die Deutsche Wirtschaft e.V., Essen

Genders S (2023) Venture Capital. In: Idowu S, Schmidpeter R, Capaldi N, Zu L, Del Baldo M, Abreu R (Hrsg) Encyclopedia of Sustainable Management. Springer, Cham. https://doi.org/10.1007/978-3-030-02006-4_617-1

Global Entrepreneurship Monitor (2023) Global Entrepreneurship Monitor 2022/2023 Global Report: Adapting to a „New Normal". GEM, London

Haufe (2022) Agile Methoden und Techniken im Überblick. 07.01.2023. https://www.haufe.de/personal/hr-management/agile-methoden-definition-und-ueberblick_80_428832.html. Zugegriffen: 1. Mai 2023

Kollmann T (2018) Entrepreneurship. https://wirtschaftslexikon.gabler.de/definition/entrepreneurship-51931/version-275082. Zugegriffen: 1. Mai 2023

KfW (2022a) KfW-Gründungsmonitor 2022. Gründungstätigkeit 2021 zurück auf Vorkrisenniveau: mehr Chancengründungen, mehr Jüngere, mehr Gründerinnen, KfW Research. Mai 2022, KfW, Frankfurt a. M.

KfW (2022b) KfW-Gründungsmonitor 2022. Tabellen- und Methodenband. KfW Research, Mai 2022, KfW, Frankfurt a. M.

Löher J, M Paschke, C Schröder und A Norkina (2017) Kooperationen zwischen etabliertem Mittelstand und Start-ups. IfM-Materialien Nr. 258. August 2017. Institut für Mittelstandsforschung, Bonn

McKinsey & Company (2020) Diversity wins. How inclusion matters. V Hunt, Dixon-Fyle S, Prince S, Dolan K. May 2020. https://www.mckinsey.

de/~/media/mckinsey/locations/europe%20and%20middle%20east/deutschland/news/presse/2020/2020-05-19%20diversity%20wins/report%20diversity-wins-how-inclusion-matters%202020.pdf. Zugegriffen: 30. Apr 2023

Müller C et al. (2019) Gründungsfinanzierung, in: Fueglistaller, Urs et al. (2019) Entrepreneurship: Modelle – Umsetzung – Perspektiven. Mit Fallbeispielen aus Deutschland, Österreich und der Schweiz, 5. Aufl., Springer Gabler, Wiesbaden, S.221–260

Schreyögg G (2018) Wachstumsschwellen in Gründerunternehmen: Die Pionierkrise, in: Faltin G (Hrsg.) Handbuch Entrepreneurship, Springer Gabler, Wiesbaden, S109 ff.

startupdetector (2021) startupdetector report 2021. https://startupdetector.de/reports/startupdetector-report-2021.pdf. Zugegriffen: 30. Apr. 2023

Zukunftsinstitut (2023) Warum Startups scheitern. https://www.zukunftsinstitut.de/artikel/warum-startups-scheitern-infografik/. Zugegriffen: 1. Mai 2023

4

Nachhaltigkeit in der Wirtschaft

Zusammenfassung Nachhaltigkeit ist der Megatrend unserer Zeit. Ohne nachhaltiges Handeln gibt es keine Zukunft. Daher wundert es nicht, dass auch mit Blickrichtung Wirtschaft immer mehr und stets mit mehr Konsequenz von Nachhaltigkeit gesprochen wird und diese auch eingefordert wird. Aber was ist Nachhaltigkeit eigentlich? Was meinen wir, wenn wir von unternehmerischer Verantwortung sprechen? Was ist „neu" an der aktuellen Diskussion rund um dieses vielschichtige Thema? Dieses Kapitel möchte Ihnen die Grundlagen der Nachhaltigkeitsdiskussion vermitteln. Zugleich werfen wir einen Blick auf die Frage, welche Rolle Nachhaltigkeit für Start-ups und den Mittelstand spielt.

Nachhaltigkeit ist omnipräsent – kaum eine Werbung für Produkte und Dienstleistungen kommt heutzutage ohne den Begriff Nachhaltigkeit aus. Bei der Geldanlage wird nachhaltig investiert. Wer zum Einkaufen in den Supermarkt geht, der greift zu nachhaltig produzierten Lebensmitteln. Und auch stetig mehr Unternehmen entwickeln – oder kommunizieren zumindest – eine eigene Nachhaltigkeitsstrategie, nicht zuletzt, um zu dokumentieren, dass man gesellschaftliche Verantwortung übernimmt und zugleich einen wichtigen Beitrag für den eigenen unternehmerischen Erfolg etabliert hat. Nebst der Aktualität erkennen Sie anhand dieser wenigen Beispiele bereits die vielschichtigen Ansätze, in denen wir von Nachhaltigkeit sprechen. Sicherlich denkt die Mehrheit zunächst an klimaspezifische und ökologische Facetten, aber der Rahmen ist deutlich umfassender, darauf komme ich in Kürze zurück. Legen wir los! In Abschn. 4.1 möchte ich Ihnen einige Grundlagen der Nachhaltigkeit näherbringen. In Abschn. 4.2 verknüpfe ich die Frage der Nachhaltigkeit mit deren Bedeutung für Start-ups und Mittelstand.

4.1 Grundlagen der Nachhaltigkeit

Was ist Nachhaltigkeit? Die Herausforderung bei Beantwortung dieser Frage ist, dass es schlicht keine eindeutige Definition von Nachhaltigkeit gibt (Genders 2021, S. 37). Die Aussage „Das kann ich nicht beantworten." wäre aber an der Stelle sicherlich eine unbefriedigende Antwort, zumal diese wenig hilfreich dabei sein dürfte, die Kernfrage des Buches zu beantworten, wie Mittelständler von Start-ups lernen können, um sich mit dem Thema Nachhaltigkeit zu befassen (siehe Kap. 5). Also wage ich es, Ihnen den Begriff Nachhaltigkeit zu erläutern, und halte mich relativ kurz – für an Details Interessierte verweise ich auf Genders (2021, S. 31 ff.).

Gleichsetzen möchte ich den Begriff Nachhaltigkeit mit dem Begriff Corporate Social Responsibility (CSR). Dies tue ich deswegen, weil der Begriff CSR insbesondere in der Diskussion um Nachhaltigkeit und Unternehmen (und über genau diese sprechen wir hier ja) Verwendung findet. Und zudem kann man die beiden Begriffe Nachhaltigkeit und CSR deswegen als Synonyme verstehen, weil CSR letztlich per Definition zumindest Teil des umfassenderen Begriffes der Nachhaltigkeit ist, der nebst der Unternehmensperspektive auch zum Beispiel Private oder Institutionen und Behörden mit inkludiert. Ich meine mit den beiden Begriffen Nachhaltigkeit sowie CSR stets das Gleiche. In Anlehnung an die Definition der Europäischen Kommission möchte ich Nachhaltigkeit definieren als die Wahrnehmung der „… Verantwortung von

Unternehmen für ihre Auswirkungen auf die Gesellschaft" (Europäische Kommission 2011, S. 7).

> **Nachhaltigkeit** meint die Wahrnehmung der Verantwortung von Unternehmen für ihre Auswirkungen und die ihres Handelns auf die Gesellschaft.

Nachhaltigkeit bezogen auf Unternehmen – egal ob auf Start-ups oder den Mittelstand – bedeutet, dass aus Sicht des Unternehmens Verantwortung für das jeweilige Handeln und dessen Folgen übernommen wird. Bevor ich Ihnen zeige, wie sich dies im Unternehmensalltag niederschlagen kann, möchte ich noch eine wichtige Ergänzung vornehmen, die jedoch hilft, Nachhaltigkeit im hiesigen Sinne richtig zu verstehen. Auch wenn das Thema Nachhaltigkeit im Sinne einer gesellschaftlichen Verantwortungsübernahme nichts per se Neues ist – Klassiker in der geschichtlichen Auseinandersetzung mit Nachhaltigkeit ist der Aspekt nachhaltiger Forstwirtschaft im Sinne von Hans Carl von Carlowitz (1645–1714), aber andere Diskussionen im Zeitalter der Industrialisierung im 18. Jahrhundert, die ersten Kontroversen rund um den Club of Rome in den 1970er Jahren oder nicht zuletzt die Coronapandemie und die Energiekrise durch den Ukrainekrieg haben immer wieder zu Auseinandersetzungen mit der Rolle von Verantwortung in der Wirtschaft und eben der Verantwortung der Unternehmen für die Gesellschaft geführt –, ist zu betonen, dass sich trotz der Nichtneuigkeit in den letzten Jahren eines geändert hat: der Charakter unternehmerischer Nachhaltigkeit.

Heutzutage ist anerkannt, dass Nachhaltigkeit im unternehmerischen Umfeld erstens eine strategische Perspektive im Unternehmen einnimmt. Es geht nicht darum, hier etwas an einen lokalen Verein zu spenden und dort Energiesparlampen einzusetzen. Beides ist wichtig, ist aber, solange es Einzelmaßnahmen sind, alles, nur keine strategisch konzeptionierte Nachhaltigkeit in einem Unternehmen (siehe hierzu das Reifegradmodell von Walker 2016, S. 206). Heutzutage ist akzeptiert, dass Nachhaltigkeit im Wesentlichen und im strategischen Sinne einen Bezug zum Kerngeschäft eines Unternehmens haben sollte (Genders 2021, S. 43 ff.).

Das Kerngeschäft einer Geschäftsbank liegt hierbei zum Beispiel in der Kreditvergabe, ein Möbelhändler verkauft Möbel und ein Friseur schneidet Haare. Zwar lässt sich auch anderweitig gesellschaftliche Verantwortung übernehmen. So kann die Inhaberin eines jeden der drei Betriebe ein E-Fahrzeug als Firmenwagen fahren und damit einen positiven Beitrag für die Umwelt leisten, strategische Nachhaltigkeit mit Blick auf das Kerngeschäft ist dies jedoch nicht.

Es handelt sich bei Nachhaltigkeit zweitens weder um die Erstellung eines schönen Imageberichts oder einer Hochglanzbroschüre (hier lautet das aus Nachhaltigkeitsgesichtspunkten gesehen zu vermeidende Stichwort Greenwashing[1]), noch um das bloße Beachten von Recht und Gesetz (was unter das Stichwort Compliance fällt). Zum Stichwort Regel möchte ich ergänzen, dass Nachhaltigkeit im hiesigen Sinne freiwillig und über das Einhalten bestehender Regelungen hinaus erzielt werden sollte. Das Beachten von Recht und Gesetz ist keine aktive Nachhaltigkeit, sondern schlicht notwendig.

Drittens sind Nachhaltigkeit und die Übernahme von Verantwortung von Unternehmen stets auf die sogenannte relevante Gesellschaft zu beziehen. Im Sinne eines Stakeholder-Ansatzes fokussiert sich Nachhaltigkeit darauf, Interessensgruppen dahingehend in die Entscheidungsperspektive eines Unternehmens einzubeziehen, dass dieses eben beim eigenen unternehmerischen Handeln beachten muss, welche Folgen sein Tun auf relevante Dritte hat. Entscheidend ist die Relevanz: Arbeitnehmer, Lieferanten, Wettbewerber, die eigene Region, Anteilseigner, dies können relevante Interessensgruppen und somit relevante Gesellschaft sein. Aber auch nur diese und nicht alle potenziellen Stakeholder, die man sich vorstellen kann. Ein Unternehmen kann bei strategisch verankerter Nachhaltigkeit nicht für Alle Gutes tun, sondern muss stets seinen Wirkungskreis und damit seine Einflusssphäre beachten.

---

[1] Greenwashing meint den Sachverhalt, dass über nachhaltige Dinge gesprochen beziehungsweise kommuniziert wird, ohne dass die dargestellten Inhalte den Tatsachen entsprechen. Denken Sie an den Hinweis, dass Sie durch den Kauf eines Produkts Bemühungen der Produktverkäufer im Kampf gegen die Abholzung eines Waldes unterstützen, jedoch dieser Kampf schlicht nicht stattfindet und die erzielten Umsätze trotz der Ihnen als Käufer gegenüber abgegebenen Versprechen für anderweitige Dinge verwendet werden, die keinen nachhaltigen Zweck verfolgen.

Ein letzter und vierter Gedanke ist die betriebswirtschaftliche Relevanz von Nachhaltigkeit. Wer heute sagt, Nachhaltigkeit sei „Sozialgedöns", oder da packe er an, wenn er mal Zeit habe, der erkennt nicht, dass bereits heute – zukünftig umso mehr – ohne Nachhaltigkeit kein unternehmerisches Wirken mehr möglich sein wird. Ob Kunden nicht mehr Ihre Produkte kaufen, ob Fehlverhalten unmittelbar über Soziale Medien viral transparent gemacht wird und somit massive Auswirkungen auf Ihr Image und letztlich auf den Umsatz hat oder auf Ihre Ausstrahlung als Arbeitgeber, oder ob Sie als Unternehmen schlicht mangels rechtlicher Auflagen nicht mehr unternehmerisch tätig sein dürfen – Nachhaltigkeit hat eine enorme betriebswirtschaftliche Relevanz. Und hinzukommt, dass Nachhaltigkeit zugleich deutliche Vorteile mit sich bringt. Denken Sie an einen geringeren Energieverbrauch, einen geringeren Einsatz von Rohstoffen in der Produktion, an höhere Effizienz infolge veränderten Recyclingansatzes oder schlicht an weniger Zeit, die Sie aufwenden müssen, um Anforderungen von Kunden erfüllen zu müssen. Nachhaltigkeit ist finanziell höchst relevant.

> **Übersicht**
>
> Zusammenfassend lassen sich folgende Eigenschaften von Nachhaltigkeit festhalten:
>
> - Ansatz strategischer Art
> - Bezug zum Kerngeschäft
> - Einbezug der relevanten Gesellschaft
> - Grundprinzip des Stakeholderansatzes
> - Relevanz betriebswirtschaftlicher Art
> - Freiwilligkeit, über Notwendiges hinausgehend

Abschließend möchte ich auf die zu Beginn erwähnte Vielschichtigkeit der Nachhaltigkeit zu sprechen kommen. Ich möchte Nachhaltigkeit und die vielen Themen, die aus Sicht von Unternehmen darin stecken, gerne anhand von vier Handlungsfeldern umreißen, nämlich: Ökonomie, Ökonomie, Arbeitsplatz sowie Gemeinwesen (vgl. Abb. 4.1).

Beim Handlungsfeld Ökonomie stehen zum Beispiel Produkte und Dienstleistungen, Geschäftsbeziehungen, Standards in der Lieferkette

1. Ökologie	2. Arbeitsplatz
• Maßnahmen zur Wahrnehmung von Kundeninteressen • Maßnahmen für Produktsicherheit • Verwendung von Gütesiegeln • Berücksichtigung von Umwelt- und Sozialstandards in der eigenen Produktion sowie bei Lieferanten • Regelmäßige Auditierung von Lieferanten • …	• Betriebliches Gesundheitsmanagement • Jobsharing für Führungskräfte • Angebote zur Unterstützung bei der Angehörigenpflege • Betriebliche Sozialberatung • Einführung von Teilzeitmodellen und Homeoffice • …
3. Gemeinwesen	**4. Ökologie**
• Bildungs-, Kinder- und Jugendförderung • Förderung von Vereinen, Kunst und Kultur • Investitionen in wissenschaftliche Forschung • Einsatz für Natur-, Umwelt- und Katastrophenschutz • Lokale/regionale Versorgungs- und Infrastruktur • …	• Ressourceneffizienz in Produktion und Verwaltung • Schulungen für Mitarbeiter im Bereich Umwelt • Maßnahmen für umweltschonende Logistik • Abfallmanagement (Recycling) • Sanktionen bei Nichteinhaltung von Umweltstandards • …

Abb. 4.1 Handlungsfelder von Nachhaltigkeit. (Quelle: Eigene Darstellung. BIHK 2016, S. 19)

und derartige Themen aus dem Unternehmensalltag im Mittelpunkt. Das Handlungsfeld Ökologie umreißt Aspekte wie Ressourceneffizienz, Klimaneutralität oder Biodiversität, das Handlungsfeld Arbeitsplatz hingegen zum Beispiel betriebliches Gesundheitsmanagement, Teilzeitmodelle, Möglichkeiten zur Kinderbetreuung oder Angehörigenpflege. Zum Handlungsfeld Gemeinwesen wiederum lassen sich Themen wie Förderung von Bildungsmaßnahmen vor Ort, Einsatz für regionale Kulturprojekte oder Ähnliches subsummieren (Genders 2021, S. 40). Sie sehen, Nachhaltigkeit im hiesigen Sinne, als strategischer Ansatz eines Unternehmens mit Bezug zum Kerngeschäft und fokussiert auf die relevante Gesellschaft, erfasst einen bunten Blumenstrauß an Maßnahmen, bietet aber eben genau aus diesem Grund heraus unzählige Ansatzpunkte für Unternehmen, sich mit den Folgen des eigenen Handelns zu befassen und betriebswirtschaftlichen Erfolg und Nachhaltigkeit zu kombinieren – dieses Buch soll Ihnen ja nicht zuletzt einige Impulse dafür mitgeben, die richtigen Faktoren in Ihr Unternehmen zu integrieren.

Ein Gedankengang sei mir noch gestattet, bevor wir wieder auf Startups und den Mittelstand zu sprechen kommen, nämlich die Frage, warum unternehmerische Nachhaltigkeit eigentlich heute in aller Munde ist, also warum CSR besonders relevant ist. Die von mir erwähnte Aktualität von Nachhaltigkeit und von Ihnen hoffentlich durch eigene im Alltag erlebte Wahrnehmung ist aus unterschiedlicher Perspektive gewollt und nicht zuletzt sinnvoll.

Gewollt ist Nachhaltigkeit nicht zuletzt politisch, wie zum Beispiel die im Jahr 2015 von den Vereinten Nationen verabschiedete „Agenda 2030 für nachhaltige Entwicklung", auch Nachhaltigkeitsziele (Sustainable Development Goals/SDGs) genannt, zeigt, mit der die weltweite Staatengemeinschaft bis zum Jahr 2030 in Summe 17 konkrete Ziele mit 169 Unterzielen umsetzen möchte. Konkret sollen Staaten sowie zum Beispiel Unternehmen weltweit darauf hinwirken, dass Armut oder Hunger beendet werden, dass Geschlechtergleichstellung erreicht wird, dass die Versorgung mit Wasser oder Energie gesichert ist, dass Infrastrukturen und menschenwürdige Arbeitsplätze vorhanden sind oder dass der Klimawandel zu Land, Wasser oder Luft bekämpft wird (United Nations 2015). Zahlreiche weitere ordnungspolitische Ansätze – auf deren Auflistung ich hier verzichte – bestätigten diesen politischen Willen in Sachen Nachhaltigkeit (vgl. Genders 2021, S. 62 ff.). Wichtig ist zugleich jedoch, dass auch Unternehmen aus sich heraus mehr und mehr erkennen, dass betriebswirtschaftlicher Erfolg als natürliche Triebfeder unternehmerischen Handelns nur mit Hilfe von „gutem Unternehmertum" funktioniert, weil nebst Ordnungspolitik Nachhaltigkeit auf verschiedenen Märkten als Treiber fungiert (Genders 2021, S. 79 ff.). Egal, ob bei der Suche nach neuen Mitarbeitern auf dem Arbeitsmarkt, beim Verkauf einer Dienstleistung an Konsumenten auf dem Konsumgütermarkt oder bei der Beantragung eines neuen Darlehens auf dem Kreditmarkt, unterschiedliche Facetten der Nachhaltigkeit spielen heute mehr denn je eine Rolle, um auf diesen Märkten erfolgreich zu sein – von der Mitarbeitergewinnung bis zum Kreditvertrag. In der Konsequenz können Unternehmer auf Dauer nur dann erfolgreich bleiben, wenn sie Nachhaltigkeit in ihr eigenes Mindset und letztlich in ihr Handeln integrieren. Wenn sie das nicht tun, haben sie Nachteile im Wettbewerb auf diversen Märkten – von der Mitarbeiter-

bis zur Kundengewinnung, wenn denn nicht ohnehin der Gesetzgeber vorab die generelle Legitimation durch ordnungspolitische Maßnahmen infrage stellt und somit generell jedwede Geschäftsgrundlage entzieht. Es führt kein Weg an Nachhaltigkeit vorbei.

Nebst dem Willen zeigt sich die Sinnhaftigkeit einer Aktualität von Nachhaltigkeit aus meiner Sicht aber schlicht zuletzt auch darin, dass es eine ganze Reihe enormer gesellschaftspolitischer Herausforderungen gibt – wenn wir die Krisen der Coronapandemie und die Folgen des Ukrainekrieges außer Acht lassen –, die es zu lösen gilt. Denken Sie an die demografische Entwicklung auf der Welt, an den Klimawandel, die Frage verfügbarer Ressourcen aller Art – von Lebensmitteln bis Zugang zu Bildung –, über enorme Innovationstreiber wie unter anderem Künstliche Intelligenz und weitere Megatrends denken (vgl. Genders 2021, S. 14 ff.): Letztlich werden sich all diese Herausforderungen nur meistern lassen, wenn wir eine nachhaltige Welt aufbauen – auch und gerade mit der Wirtschaft –, wir sprechen in diesem Buch ja über Start-ups und mögliche Learnings für den Mittelstand in Sachen Nachhaltigkeit.

4.2 Start-ups, Mittelstand und Nachhaltigkeit

Kurz und knapp und die Aussage dieses Abschnitts vorwegnehmend kann man sagen: Nachhaltigkeit in all ihren Facetten – ob ökologische oder soziale Aspekte – spielt für Start-ups eine entscheidende Rolle (Bundesverband Deutsche Startups e. V. 2021, S. 31).

Die Bedeutung für Start-ups zeigt sich nicht zuletzt in der Start-up-Strategie der Bundesregierung, die Start-ups eine wichtige Rolle bei der nachhaltigen Transformation einräumt und daher mit Blick auf politische Weichenstellungen – ob bei Infrastrukturbereitstellung oder Fördermittelbereitstellung – eben hierauf auch ihr Augenmerk richtet (Bundesministerium für Wirtschaft und Klimaschutz 2022, S. 6 ff.).

Blickt man auf die verschiedenen Handlungsfelder von Nachhaltigkeit – Ökologie, Ökonomie, Arbeitsplatz und Gemeinwesen –, zeigt sich eine hohe Relevanz dieser Aspekte für Start-ups in allen

Bereichen. Wenn Sie zum Beispiel – ohne an der Stelle auf alle Handlungsfelder eingehen zu wollen – exemplarisch den Bereich der Ökologie betrachten, ist erkennbar, dass Nachhaltigkeitsaspekte wie Klimaschutz, Recycling oder Ressourcenverbrauch und Kreislaufwirtschaft – nicht zuletzt mit Hilfe auch digitaler Ansatzpunkte unter dem Stichwort GreenTec – in hohem Maße als erfolgsversprechende Geschäftsmodelle gedacht werden. Laut startupdetector report 2022 sind im Bereich GreenTec deutliche Relevanzgewinne zu verzeichnen (startupdetector 2022, S. 24). Ein gleiches Bild zeigt der Deutsche Startup Monitor 2022 (Bundesverband Deutsche Startups e. V. 2022, S. 31). Der Green Startup Monitor 2022 schreibt ferner: „Eine positive gesellschaftliche oder ökologische Wirkung zu erzielen, ist für mehr als drei Viertel der Startups in Deutschland wichtig. Knapp ein Drittel trägt bereits gezielt und aktiv zu den 17 ‚Sustainable Development Goals' der Vereinten Nationen (SDGs) bei. Grüne Startups bilden mittlerweile einen maßgeblichen Teil des Gründungsgeschehens und der Innovationsaktivität in Deutschland." (Fichter und Olteanu 2022, S. 2). Ökologie ist Geschäftschance für Start-ups und Treiber für deren Gründung.

Der Blick in die Start-up-Landschaft hierzulande bestätigt, dass der in Abschn. 4.1 genannte Zusammenhang zwischen nachhaltigem und gesellschaftlich verantwortlichem Handeln und betriebswirtschaftlichem Erfolg gerade in den Köpfen der Start-ups etabliert ist. Laut Deutschem Startup Monitor wird in deutlicher Mehrzahl der Start-ups die eigene gesellschaftliche Wirkung stets in Einheit mit Profitabilität, der Gewinnung von hohen Marktanteilen oder schnellem Wachstum als wichtiger Aspekte der eigenen Unternehmensstrategie angesehen (Bundesverband Deutsche Startups e. V. 2021, S. 32).

Abschließend sei erwähnt, dass auch bei Institutionen, die sich mit der Förderung und Unterstützung von Start-ups beschäftigen, alle Facetten rund um unternehmerische Nachhaltigkeit an Bedeutung gewinnen. In der Gründungsberatung von Hochschulen zeigt sich zum Beispiel der Fokus hin zu immer mehr Nachhaltigkeitsaspekten (Stifterverband für die Deutsche Wissenschaft e. V. 2023). Die KfW fördert explizit sozial und ökologisch engagierte Geschäftsideen (KfW 2023). Und es sei – stellvertretend für viele Institutionen und Organisationen – auf die vielen Initiativen der Industrie- und Handelskammern verwiesen, die als

Beratungsstellen für Start-ups zunehmend strategisch auf Nachhaltigkeitsaspekte in der Start-up-Unterstützung setzen (Genders 2022).

Nun reden wir in diesem Buch nicht nur über Start-ups, sondern auch über den Mittelstand. Blicken wir auf das Thema Nachhaltigkeit, sind zwei Aussagen entscheidend: zum einen liegt Nachhaltigkeit dem Großteil des Mittelstands in der unternehmerischen Wiege, zum anderen gibt es aus meiner Sicht aber Potenziale dahingehend, Nachhaltigkeit im Sinne eines strategischen Ansatzes als Kern des Geschäftsmodells in die DNA zu integrieren. Diese beiden Aussagen möchte ich im Folgenden vertiefen.

Der Mittelstand und insbesondere der Großteil der familiengeführten Unternehmen lebt und verkörpert das Leitbild der sogenannten ehrbaren Kaufleute im Sinne von Treu und Glauben, Ehrlichkeit, Vertrauen und Verlässlichkeit im Geschäftsalltag (Genders 2021, S. 35). Nicht zuletzt der gerade bei Familienunternehmen im Regelfall gelebte Übergang der Verantwortung von einer Generation auf die nachfolgende sorgt dafür, dass nachhaltig und langfristig gedacht und gehandelt wird. Nachhaltigkeit und Mittelstand gehören zusammen. Anders verhält es sich durchaus mit der Frage, ob im strategischen Sinne, mit Bezug zum Kerngeschäft und unter Betrachtung der relevanten Gesellschafter, Nachhaltigkeit konsequent etabliert ist. Meiner Meinung nach tun (nahezu) alle Mittelständler viel Gutes für ihr Umfeld, ob das die eigenen Mitarbeiter, Lieferanten oder eine Region betrifft. Es gibt viele tolle Beispiele an Unternehmerpersönlichkeiten, die ich kennenlernen durfte, die äußerst nachhaltig agieren. Jedoch würde ich auch behaupten, dass zumindest die strategische Befassung mit dem Thema noch nicht immer in allen Potenzialen ausgeschöpft wird (Schmitz et al. 2021, S. 4).

Man hört durchaus noch Stimmen, die sagen: „Für Nachhaltigkeit habe ich gerade keine Zeit, ich habe zu viel zu tun und muss Geld verdienen!". Eine Tatsache ist zwar auch, dass – blickt man tatsächlich einmal in den Alltag des Unternehmens – klar wird, dass man oftmals eigentlich sehr viele Dinge tut, die heute unter dem Stichwort Nachhaltigkeit verstanden werden, dies einem schlicht nur nicht bewusst ist. Eine zweite Tatsache, die es – wenngleich nicht maßgeblich – in diesem Falle aber auch zu erwähnen gilt, ist, dass bei derartigen Aussagen nicht verstanden wird, dass gerade Nachhaltigkeit essenziell für den unternehmerischen (betriebswirtschaftlichen) Erfolg ist und immer mehr sein wird. Aber die dritte (hier entscheidende) Tatsache ist, dass nebst Unwissen über die eigenen Nachhaltigkeitsaktivitäten oder falsches Verständnis der Relevanz die konkrete Hinterfragung des eigenen Geschäftsmodells vor dem Hintergrund der Frage „Wie kann ich mit meinem Produkt oder meiner Dienstleistung gutes Geld verdienen und zugleich Gutes tun?" noch nicht überall so erfolgt ist, wie dies sein könnte. Und dies ist nicht selten schlicht der Tatsache geschuldet, dass es bislang auch anders ging – im Unterschied zu Start-ups, die eben mit dem Beginn ihres Wirkens direkt auf die Symbiose aus Erfolg und Verantwortung im Sinne der hiesigen Nachhaltigkeitsdefinition setzen. Ich bin der Überzeugung, auch wenn ich viele gute Beispiele kenne und sich Vieles in Sachen Nachhaltigkeit und Mittelstand mit großen Schritten in die richtige Richtung entwickelt, dass es Potenziale gibt. Und diese kann der Mittelstand selbst heben – hierauf komme ich dann in Kap. 5 zu sprechen.

Fazit
- Sie wissen nun, wovon Sie sprechen, wenn Sie den Begriff Nachhaltigkeit verwenden, insbesondere dann, wenn es um Unternehmen geht.
- Wichtig ist die Erkenntnis, dass unternehmerischer Erfolg und „Gutes Tun" im Sinne der gesellschaftlichen Folgen des eigenen Handelns Hand in Hand gehen.
- Unterschiede zwischen Start-ups und Nachhaltigkeit gibt es mit Blick auf die Intensität der Befassung mit Nachhaltigkeit.

Literatur

Bayerischer Industrie- und Handelskammertag (BIHK) e.V. (2016) Verantwortung lohnt sich. Den Ehrbaren Kaufmann leben. Bayerischer Industrie- und Handelskammertag (BIHK) e.V., München

Bundesministerium für Wirtschaft und Klimaschutz (2022) Die Start-up-Strategie der Bundesregierung. Juli 2022, Bundesministerium für Wirtschaft und Klimaschutz, Berlin

Bundesverband Deutsche Startups e.V. (2022) Deutscher Startup Monitor 2022. Innovation – gerade jetzt. T Kollmann, C Strauß, A Pröpper, C Faasen, A Hirschfeld, J Gilde, V Walk. PwC Deutschland/Bundesverband Deutsche Startups e.V., Frankfurt a. M./Berlin

Bundesverband Deutsche Startups e.V. (2021) Deutscher Startup Monitor 2021. Nie war mehr möglich. In: Kollmann T, Kleine-Stegemann L, Then-Bergh C, Haar M, Hirschfeld A, Gilde J, Walk V (Hrsg). PwC Deutschland/Bundesverband Deutsche Startups e.V., Frankfurt a. M./Berlin

Europäische Kommission (2011) Eine neue EU-Strategie (2011–2014) für die soziale Verantwortung der Unternehmen (CSR), Mitteilung der Kommission an das Europäische Parlament, den Rat, den Europäischen Wirtschafts- und Sozialausschuss und den Ausschuss der Regionen. KOM/2011/0681 endgültig, Brüssel

Fichter K, Y Olteanu (2022) Green Startup Monitor 2022. Borderstep Institut, Startup Verband, Berlin

Genders S (2022) CSR in Mainfranken: Auf dem Weg zur Verantwortungsregion. In: Herzner A, Schmidpeter R (Hrsg) CSR in Süddeutschland. Springer Gabler, Berlin, S 337–347

Genders S (2021) Wie Gier uns retten kann. Nachhaltigkeit, Unternehmertum und das Streben nach Gewinn. Springer, Berlin

KfW (2023) Wir fördern Gründungen, die eine Balance zwischen sozialem oder ökologischem Engagement und nachhaltigem Wirtschaften anstreben. https://www.kfw.de/inlandsfoerderung/Unternehmen/Gr%C3%BCnden-Nachfolgen/Sozialunternehmen/. Zugegriffen: 6. Mai 2023

Schmitz M, Damm S, Lohmann J (2021) CSR im Mittelstand: Einführung in die Thematik und Beschreibung des Buchaufbaus. In: Schmitz M (Hrsg.) CSR im Mittelstand: Unternehmerische Verantwortung als Basis für langfristigen Erfolg. Springer Gabler, Berlin, S 4–22

startupdetector (2022) startupdetector report 2022. https://www.gruenden-in-potsdam.de/system/files/documents/startupdetector-report-2022.pdf. Zugegriffen: 6. Mai 2023

Stifterverband für die Deutsche Wissenschaft e.V. (2023) Gründungsradar. https://www.gruendungsradar.de/. Zugegriffen: 6. Mai 2023

United Nations (2015) Transformation unserer Welt: die Agenda 2030 für nachhaltige Entwicklung. Vereinte Nationen. Resolution der Generalversammlung, verabschiedet am 25. September 2015. https://www.un.org./Depts/german/gv-70/band1/ar70001.pdf. Zugegriffen: 26. April 2023

Walker T (2016) Integrative Organisationsentwicklung. In: Schram B, Schmidpeter R (Hrsg.) CSR und Organisationsentwicklung – Die Rolle des Qualitäts- und Changemanagers. Springer Gabler, Berlin, S 205–217

5

Mit Start-up-Mentalität zur gesellschaftlichen Verantwortung

Zusammenfassung Wir kommen zum Wesentlichen: der Antwort auf die Frage, was und wie der Mittelstand von Start-ups lernen kann, insbesondere mit Blick auf deren besondere Charaktereigenschaften. Ich stelle Ihnen aufbauend auf den Start-up-Charakteristika Empfehlungen vor, die mittelständische Betriebe aufgreifen sollten, ebenso wie eine Auswahl an konkreten Maßnahmen. Die Vorteile dieser Adaption (oder zumindest des Versuches) der Besonderheiten von Start-ups durch den Mittelstand liegen auf der Hand: Der Mittelstand erzeugt aus meiner Perspektive die Grundlagen dafür, noch stärker als bislang den Gedanken nachhaltigen Handelns und Denken in die eigene DNA integrieren zu können – zu seinem Vorteil und zu unser aller Wohl.

Im vorherigen Kap. 4 haben Sie gelernt, was Nachhaltigkeit im unternehmerischen Kontext eigentlich ist und warum es gesamtgesellschaftlich als auch aus Sicht eines jeden Unternehmens unabdingbar ist, sich mit den Folgen des eigenen unternehmerischen Handelns zu befassen. Auch habe ich Ihnen gezeigt, dass Start-ups in Sachen Nachhaltigkeit durchaus aktiv sind und dass im Mittelstand eine Vielzahl an

Positivbeispielen präsent ist, es aber durchaus Potenziale gibt. Bereits in Kap. 3 haben wir zudem herausgearbeitet, was ein Start-up von anderen Existenzgründungen oder Unternehmen generell unterscheidet, worin die Besonderheiten liegen. Nun möchte ich – den Titel des Buches aufgreifend – die Frage beantworten, wie, was und weshalb insbesondere Mittelständler von Start-ups lernen können, um wiederum der Notwendigkeit, sich mit Nachhaltigkeit beschäftigen zu müssen, besser gerecht werden zu können. Dies bedeutet wie beschrieben nicht, dass der Mittelstand nicht schon bereits heute auf Nachhaltigkeit setzt. Ganz im Gegensatz ist gerade im inhabergeführten Mittelstand ein Verantwortungsbewusstsein nicht selten generationenübergreifend in der DNA der Unternehmen verankert. Aber neben denjenigen Mittelständlern, die sich vielleicht doch fragen, wie kann ich überhaupt strategisch etwas in Sachen Nachhaltigkeit tun und was sind Ansatzpunkte, die ich mit den Empfehlungen erreichen möchte, gibt es sicherlich auch viele Interessierte, die schlicht besser werden wollen. Und auch diesen können meine Tipps und Hinweise sicherlich helfen. Also packen wir es an!

Ich möchte unter anderem Mittelständler dazu animieren, von Start-ups zu lernen. Lernen ist wichtig, um besser zu werden. Für die Chance des Lernens ist zunächst ein Kennen des anderen – im Falle des Mittelstandes das Kennenlernen von Start-ups – erforderlich. Beim Schreiben des Buches kam mir ein Gedanke, den ich mit Ihnen teilen muss. Er lautet: „Ein Mittelständler muss doch nichts lernen von Start-ups und sich quasi selbst aneignen. Es reicht doch, wenn er womöglich schlicht mit Start-ups in kooperativer Art zusammenarbeitet, um bestimmte Ziele wie eine Stärkung der eigenen Wettbewerbsfähigkeit zu erreichen." Dieser Gedanke ist richtig, greift aber aus meiner Sicht zu kurz. Ich erachte es aus folgendem Grund als wichtig, dass Sie als Mittelständler zwar liebend gerne mit Start-ups zusammenarbeiten und kooperieren sollen. Aber vergleichsweise wichtiger erscheint mir, dass Sie die Erfahrungen, die Sie – zum Beispiel mit Hilfe von Kooperationen – machen, auch selbst in Ihre eigene DNA integrieren. Daher ist Adaption statt Kooperation der Schlüssel! Das Ziel, über Kooperationen beispielsweise an neue Technologien zu kommen, den Digitalisierungsgrad im Unternehmen zu steigern, neue Märkte zu erschließen durch strategische Erweiterungen des eigenen Produktportfolios oder schlicht, um sich ein cooleres Image bei potenziellen Arbeitnehmern zu verschaffen, diese Ziele durch Kooperationen zu erreichen ist ein nicht verkehrter Weg. In den Bereichen Markt- und Vertriebsposition, Vertrieb und Marketing, Finanzierung und Investition sowie Personal und Organisation können ohne Zweifel Vorteile zur Kooperation und Zusammenarbeit mit Start-ups aus Sicht des Mittelstands liegen (Wrobel et al. 2019, S. 29). Ja, aber ich behaupte auch, eine Kooperation ist das eine, eine Adaption der mehrfach erwähnten Besonderheiten von Start-ups geht bei Weitem darüber hinaus. Eine Adaption der Besonderheiten von Start-ups in die eigene Mittelstands-DNA, in das Denken und Handeln, aber auch in die Strukturen, verschafft Ihnen einen unabdingbaren Vorteil, denn meine Hypothese ist schlicht die, dass der Mittelstand durch Adaption einen zentralen Vorteil erlangt: Gelingt es einem Mittelständler, die Charaktereigenschaften eines Start-ups in das eigene Denken und Handeln zu integrieren, schaffen Sie als Mittelständler eben die Grundlagen dafür, Nachhaltigkeit im hiesigen Sinne in ihr Unternehmen zu integrieren. Dies gelingt durch Kooperation meiner Einschätzung nach nicht in der Intensität, wie dies mit einer Adaption gelingen kann. Durch Adaption der Besonderheiten schafft der Mittelstand die Grundlagen, die es braucht, um Nachhaltigkeit im hiesigen Sinne als strategischen Bestandteil in die eigene DNA einzubauen. Setzt ein Unternehmen darauf, die Besonderheiten eines Start-ups zu adaptieren, beeinflusst es das eigene Denken und Handeln nicht nur dahingehend, dass es die Vorteile eines Start-ups als ein mittelständisches Unternehmen für sich sichert, sondern erzeugt hierdurch – so meine Arbeitshypothese des Buches – direkt einen positiven Impuls für die eigene Auseinandersetzung mit Nachhaltigkeit. Wenn Sie mir zustimmen, dass Adaption der Besonderheit von Start-ups wichtig ist, also nun die entscheidende Frage: Was sollten Sie tun?

In Abschn. 5.1 gehe ich aufbauend auf den bisherigen Überlegungen zu den besonderen Eigenschaften von Start-ups auf Empfehlungen sowie eine Reihe an konkreten Maßnahmen ein. In Abschn. 5.2 anschließend verdeutliche ich, weshalb es durch die Adaption der Besonderheiten von Start-ups durch den Mittelstand gelingen kann, einen großen Schritt in Richtung gesellschaftlicher Verantwortung zu gehen.

5.1 Empfehlungen und Maßnahmen für den Mittelstand

Was sollten Mittelständler tun? Wie und in welcher Form sollten Sie handeln, wenn Sie von Start-ups lernen möchten? Um diese Frage zu beantworten, denken wir nochmals kurz daran, was Start-ups besonders macht:

Start-ups denken und handeln agil! Geschwindigkeit, Anpassungsfähigkeit, Kundenzentriertheit und Haltung, diese Eigenschaften machen Start-ups besonders. Hierbei sind Start-ups agil, weil sie nicht anders können – zum Beispiel im Unterschied zu etablierten Unternehmen aufgrund flexibler Organisationsstrukturen. Start-ups sind aber auch deswegen agil, weil sie wollen – unter anderem auch, um Wettbewerbsvorteile im Unterschied zu potenziellen Konkurrenten innezuhaben.

Start-ups wollen gestalten! Wer ein Start-up gründet, der möchte nicht selten die Welt verändern, der möchte (auch mit Hilfe technologischer Mittel) disruptive Geschäftsmodelle entwickeln, der möchte oftmals aus hoher intrinsischer Motivation heraus mit Hilfe von Innovationen erfolgreich sein. Echte Entrepreneure agieren hierbei oftmals anders, indem sie nicht Prognosen realisieren oder übertreffen möchten, sondern indem sie Unwägbarkeiten als Chancen verstehen, in einem bestehenden Umfeld hoher Unsicherheit mit verfügbaren Mitteln bestmögliche Ideen zu realisieren. Sie wollen nicht selten nichts bestätigen, sondern Bestehendes zerstören und Neues schaffen.

Start-ups setzen auf Expertisenvielfalt! Neben den eigenen Fähigkeiten setzen Start-ups auf externes Fachwissen in hohem Maße. Einerseits tun sie dies, da insbesondere schon alleine die Existenzgründer nicht über alle erforderlichen Fähigkeiten für die oftmals schwierigen ersten Jahre eines Start-ups verfügen. Andererseits erkennen Start-ups, dass innovative und neue Ideen nur durch ein Höchstmaß an Exzellenz realisierbar ist und dies am besten durch ein Miteinander mit externen Expertisen in das eigene Unternehmen integriert werden kann.

5 Mit Start-up-Mentalität zur gesellschaftlichen Verantwortung

Start-ups gehen ins Risiko! Start-ups scheitern mit nicht geringer Wahrscheinlichkeit, insofern besteht per se ein Risiko bei Existenzgründung eines Start-ups. Zugleich sind gerade die innovativen Geschäftsfelder, in denen sich Start-ups bewegen, oftmals von Unsicherheiten geprägt, oftmals handelt es sich sogar um Produkte und Dienstleistungen, in denen die Marktfähigkeit nicht zu Beginn bewiesen ist. Aber Start-ups wagen trotzdem Vieles – und sind eben auch deswegen erfolgreich und schaffen es auch nicht zuletzt deswegen, Disruption zu bewirken und anderen Unternehmen Marktanteile abzujagen. Risikobereitschaft (mit Augenmaß) zahlt sich also aus.

Start-ups setzen auf die Gemeinschaft! Start-ups leben von und sind erfolgreich dank der Start-up-Ökosysteme. Dies bringt nicht nur diverse Expertisen in die Start-ups, sondern prägt auch deren Denken und Handeln. Der Grundgedanke des Miteinanders mit den diversen Anspruchsgruppen ist eine Besonderheit von Start-ups.

Start-ups denken stets an morgen! Start-ups wollen den Status quo in ihren Branchen ändern, auch indem sie auf neue, nicht etablierte oder bestehende Produkte, Dienstleistungen oder Geschäftsmodelle setzen. Sie sind Trendsetter und Innovatoren.

Start-ups sind besonders – hieraus ergeben sich in Summe sechs Leitgedanken für den Mittelstand in Form von Verhaltensweisen, die bei Implementierung in die eigenen Denk- und Handlungsweisen des Mittelstandes die Chance bieten, die positiven Effekte für den eigenen unternehmerischen Erfolg nutzen zu können. Agilität, Gestaltungswille, Expertisenvielfalt, Risikotoleranz, Stakeholderprägung und Zukunftsorientierung: Aus diesen Besonderheiten von Start-ups ergeben sich die in Abb. 5.1 aufgezeigten Empfehlungen, die wiederum einen positiven Einfluss auf die Etablierung und die konsequente Weiterentwicklung des Nachhaltigkeitsgedankens im eigenen Unternehmen haben. Dies bedingt aus meiner Sicht Konsequenzen für das Handeln von Mittelständler, möchte man diese Besonderheiten adaptieren, in folgender Art.

Was sollten Sie als Mittelständler tun?
Schaffen Sie bewusst Raum für Agilität und stärken Sie Ihren Gestaltungsspielraum. Stellen Sie sich divers auf und holen sie stets Expertise an Bord. Gehen Sie bewusst Risiken ein und holen Sie insbesondere ihre

Besonderheiten von Start-Ups	Empfehlungen für den Mittelstand
• Agilität • Gestaltungswille • Expertisenvielfalt • Risikotoleranz • Stakeholderprägung • Zukunftsfokussierung	• Raum für Agilität schaffen! • Willen zur Gestaltung stärken! • Diversität und Expertise an Bord holen! • Kalkulierte Risikotoleranz erhöhen! • Relevante Anspruchsgruppen integrieren! • Zukunft als Leitmotiv etablieren!

Abb. 5.1 Empfehlungen für den Mittelstand. (Quelle: Eigene Darstellung)

relevanten Anspruchsgruppen in Ihr Entscheidungs- und Blickfeld. Und zu guter Letzt: Blicken Sie stets in die Zukunft und seien Sie neugierig! Abstrahiert man von diesen eher abstrakten Handlungsempfehlungen, ergeben sich aus meiner Sicht zahlreiche Maßnahmen, die sich in drei Fokusfelder unterteilen lassen, in denen mittelständische Betriebe aktiv werden müssen, um mit Blick auf die Besonderheiten der Start-ups (Agilität, Gestaltungswille, Expertisenvielfalt, Risikotoleranz, Stakeholderprägung und Zukunftsorientierung) Expertise aufzubauen: Netzwerk – Menschen – Organisationsstruktur (vgl. Abb. 5.2).

Welche Netzwerke benötigen Sie als Mittelständler, um wie ein Start-up zu denken und zu handeln? Welche Menschen braucht es und wie müssen diese agieren, um die Mentalität eines Start-ups in das Unternehmen zu integrieren? Welche organisatorischen Strukturen, Zuständigkeiten oder Kompetenzen müssen Sie etablieren? Diese (und weitere) Fragen müssen Sie beantworten, um die Besonderheiten von Start-ups in ein etabliertes Unternehmen zu integrieren – auch, um letztlich die Voraussetzungen dafür zu schaffen, dass es diesem (noch) leichter fällt, auf Nachhaltigkeit zu setzen. Mein Tipp: Machen Sie die in Abb. 5.1 genannten Empfehlungen zu den Leitplanken Ihrer strategischen Prozesse im Unternehmen, versuchen Sie diese in Leitbild, Wertesysteme, Managementtools zu integrieren, setzen Sie sich Ziele, diese Empfehlungen mit Leben zu füllen.

Abb. 5.2 zeigt Ihnen aufbauend auf den Besonderheiten von Start-ups und den Handlungsempfehlungen für den Mittelstand, wenn dieser diese Besonderheiten adaptieren will, Maßnahmen, stellvertretend für

5 Mit Start-up-Mentalität zur gesellschaftlichen Verantwortung

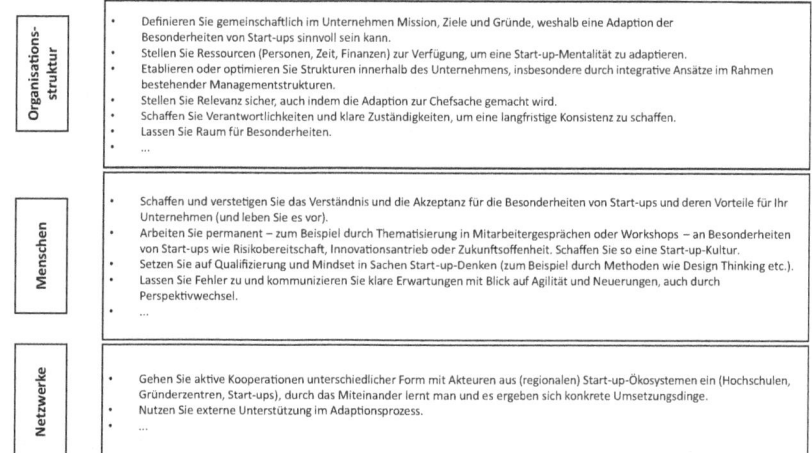

Abb. 5.2 Ausgewählte Maßnahmen für den Mittelstand. (Quelle: Eigene Darstellung)

viele Weitere, auf, die Sie umsetzen können, um die Besonderheiten von Start-ups für ihren mittelständischen Betrieb zu adaptieren. Hierbei möchte ich anmerken, dass es sich um den konzeptionellen Rahmen handelt – nicht mehr, aber eben auch nicht weniger. Dies gilt gerade deswegen, weil es keine Patentlösung für die erfolgreiche Adaption der Besonderheiten von Start-ups geben kann infolge notwendiger individueller Lösungen. Konkretere Antworten und weiterführende Details dazu, was Sie nun nach dem Ende des Buches direkt umsetzen müssen, werde ich Ihnen hier und heute nicht geben (können): Einerseits ist die Beantwortung nicht nur sehr individuell und kaum pauschaliert darstellbar, allemal zudem viel zu komplex, um dies in diesem Buch aufzuzeigen; andererseits ist es (wie Sie dem Titel bereits entnehmen konnten) das Ziel des Buches, darzustellen, was ein Mittelständler von Start-ups lernen kann, um hierdurch einen weiteren Schritt in Richtung nachhaltiger Verantwortung gehen zu können. Der Lerneffekt sollte meiner Ansicht nach daraus bestehen, zum einen anzuerkennen, das Start-ups besonders sind und dass es sich lohnt, eben diese Besonderheiten zu versuchen in den eigenen Unternehmensalltag zu integrieren. Die Leitplanken und Handlungsmaximen helfen dabei, den ersten Schritt zu gehen, damit Sie sich mit der Adaption der Besonderheiten beschäftigen können – wenn Sie hoffentlich der Überzeugung sind, dass es sinnvoll ist.

Wichtig ist zunächst, dass Sie organisatorische Grundlagen schaffen, um die Besonderheiten von Start-ups in Ihren Alltag zu integrieren. Definieren Sie, weshalb Sie dies wollen. Welche Ziele verfolgen Sie? Wollen Sie innovativer sein und neue Technologien und digitale Tools implementieren, oder möchten Sie ein kreativeres Arbeitsumfeld schaffen? Ein zweiter wichtiger Punkt ist, dass Sie – bildhaft gesprochen – Raum für die Besonderheiten von Start-ups in Ihrem Unternehmen schaffen. Dies kann auf der einen Seite schlicht die Bereitstellung finanzieller Mittel bedeuten, aber auch Personal. Ich habe die Erfahrung gemacht, dass es klare Zuständigkeiten in mittelständischen Unternehmen braucht, auch mit personellen Kapazitäten versehen und Kompetenzen, wenn Sie als Mittelständler wie Start-ups ticken und von ihnen lernen wollen. Logischerweise sollte die Denke und Mentalität eines Start-ups in die DNA des mittelständischen Unternehmens – und somit in alle Bereiche – integriert werden, aber einen Kümmerer im Unternehmen braucht es (Sie können ja nicht alles selbst machen). Warum also nicht eine Art Start-up-Scout etc. einstellen? Ein dritter Aspekt, der mit der Frage der Implementierung in die DNA einher geht, ist, dass die Thematik eine hohe Relevanz im Unternehmen bekommt. Es geht unter Umständen um nicht weniger als um einen Kulturwandel im Unternehmen, der braucht nicht nur Finanzmittel, Menschen, sondern eben auch Zeit. Und er muss von „oben" vorgelebt und als Leitgedanke in das Unternehmen integriert werden. Einen vierten Aspekt im Bereich der Organisationsstruktur möchte ich noch nennen, den des Raumes für Besonderheiten! Agilität, Freiräume, Kreativität und Innovationen lassen sich nicht nach alter Managementschule genau planen. In Kap. 3 hatte ich über Entrepreneure gesprochen, die nicht alles von vorne bis hinten durchplanen, sondern schauen, welche Ergebnisse sich aus gegebenen Mitteln bestmöglich erreichen lassen, auch in iterativen Prozessen mit relevanten Anspruchsgruppen. Lassen Sie dies zu! Auch wenn dies in mittelständischen Betrieben, die eben im Unterschied zu Start-ups weitaus stärker auf Kennzahlen und Effizienz achten müssen, schwieriger ist, lohnt es sich. Lassen Sie Besonderheiten zu!

5 Mit Start-up-Mentalität zur gesellschaftlichen Verantwortung

Der Erfolg des Lernens von Start-ups durch den Mittelstand hängt zunächst an den Köpfen im Unternehmen. Einerseits braucht es Sie, als Chef, der die Thematik vorantreiben muss. Aber auch die Mitarbeiter und andere Anspruchsgruppen müssen mit an Bord sein, wenn es um die Akzeptanz in Sachen Start-up-Mentalität geht. Ändern sich Arbeitsprozesse, sind neue Techniken im Einsatz, ändert sich die Kultur im Unternehmen, dann geht dies nur mit und dank der Menschen im Unternehmen. Denken Sie, was es bedeutet, mit Blick auf die Risikotoleranz von ihren bisherigen Praktiken abzuweichen, und durch höheres Risiko eben auch die Wahrscheinlichkeit von Fehlern im Unternehmen zuzulassen. Richtig, Risiken müssen kalkulierbar sein, aber Fehler werden passieren. Hierzu braucht es aber – gerade mit Blick auf Motivation der Mitarbeiter – unter Umständen eine andere Fehlerkultur als bislang. Überlegen Sie weiterhin auch, wie der ganze Themenkomplex in Bereiche wie Personalentwicklung oder Mitarbeitergespräche integriert werden kann. Es geht darum, Sichtbarkeit und Kontinuität dahingehend zu schaffen, dass eine Erweiterung der unternehmenseigenen Mentalität erwünscht und positiv durch möglichst viele unterstützt wird. Qualifizierung der Menschen ist essenziell. Und zu guter Letzt: Wenn Sie sich entscheiden, sich aktiv im Unternehmen mit dem Lernen von Start-ups beschäftigen zu wollen, sollten Sie das Roll-out des Themas im Haus exakt planen. Einfach im stillen Kämmerchen (oder in Ihrem Kopf) morgen zu starten widerspricht nicht nur der Stakeholderprägung von Start-ups, sondern sorgt letztlich für fehlende Akzeptanz bei vielen Beteiligten und führt aller Voraussicht nach zum Scheitern.

Den letzten Gedanken des Roll-outs einer „Wir lernen von Start-ups"-Strategie aufgreifend, empfehle ich Ihnen durchaus, Experten zu Rate zu ziehen. Wenn Start-ups auf Expertisenvielfalt setzen, tun Sie dies bitte auch. Das kann eine professionelle Begleitung beim Kulturwandel im Sinne der Mentalitätsadaption von Start-ups sein, die Projektarbeit mit Start-ups, insofern dies Vorteile unternehmerischer Art für Sie mit sich bringt, oder auch, indem Sie mit Akteuren wie Hochschulen oder Existenzgründerzentren sowie Kammern einmal das Gespräch suchen, um zu erfahren, wie andere Mittelständler den Weg gegangen sind, von Start-ups zu lernen.

5.2 Effekte auf die unternehmerische Nachhaltigkeit

Vorhin hatte ich erwähnt, dass Mittelständler durch die Adaption der Besonderheiten von Start-ups eine Grundlage dafür schaffen, – insofern erforderlich – Nachhaltigkeit im eigenen Unternehmen zu verankern. Diese Integration in die DNA des Unternehmens erfolgt in diesem Falle aus meiner Sicht heraus in der Form, wie dies im Sinne des in Kap. 4 genannten Erklärungsansatzes zur Nachhaltigkeit – mit Blick auf einen ganzheitlichen strategischen Ansatz, mit Bezug zum Kerngeschäft und über die gesetzlichen Regelungen hinausgehend – ausführlich beschrieben wurde. Weshalb dies so ist, möchte ich Ihnen gerne in diesem Kapitel abschließend erklären – hierauf möchte ich mich (erneut) an den in Kap. 3 herausgearbeiteten Besonderheiten von Start-ups orientieren. Hierzu habe ich in Abb. 5.3 nochmals die Fokusthemen für den Mittelstand integriert, auf die er setzen sollte, um so bestmöglich die Besonderheiten eines Start-ups in den eigenen Unternehmensgegenstand zu integrieren – dies soll nicht zuletzt den roten Argumentationsfaden des Buches aufzeigen und nochmals meine Argumentationskette vergegenwärtigen, weshalb ich glaube, dass der Mittelstand etwas von Start-ups lernen kann, wie er diese Erkenntnis in eigene Handlungsempfehlungen umsetzen kann und warum hierdurch wieder ein positiver Effekt für die Nachhaltigkeit im Unternehmen erzeugt wird.

Warum wird ein Mittelständler „nachhaltiger", wenn er die Besonderheiten eines Start-ups adaptiert?

Abb. 5.3 zeigt Ihnen sieben Argumente auf, weshalb Mittelständler, indem sie von Start-ups lernen, die Grundlagen für den (optimierten) Weg zur erfolgreichen unternehmerischen Nachhaltigkeit legen und weshalb dies aus meiner Sicht wichtig ist.

Unternehmer können die Welt verändern. Und eine nachhaltige Welt vor dem Hintergrund der vielen Herausforderungen, die wir sehen, ist eine massive Veränderung. Schaffen wir es, den Gestaltungswillen der Start-ups mit dem in dem Mittelstand vorhandenen Willen und mit den dort verfügbaren Expertisen und Kompetenzen zu vereinen, kann Großartiges in Sachen Dynamik, Innovation und Gutem entstehen.

5 Mit Start-up-Mentalität zur gesellschaftlichen Verantwortung

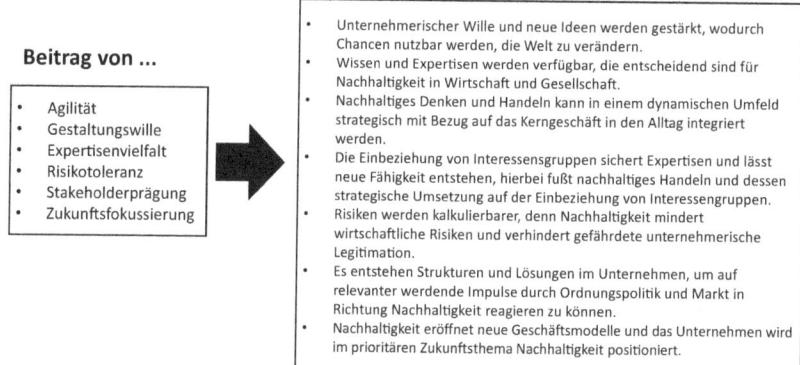

Abb. 5.3 Effekte auf Nachhaltigkeit im Mittelstand. (Quelle: Eigene Darstellung)

Insofern schafft gerade Agilität die Grundlage dafür, Nachhaltigkeit in ihrer Komplexität – von Themen rund um die Vereinbarkeit von Familie und Beruf, über Recycling, bis hin zu Transparenz in Lieferketten, um nur wenige Beispiele zu nennen – bewältigen zu können. Dass gerade der Mittelstand für diesen Gestaltungswillen Potenziale bietet, zeigt das dort „systemimmanente" Leitbild ehrbarer Kaufleute.

Der Gestaltungswille wiederum prägt nicht zuletzt das Argument, dass durch die Adaption der Zukunftsorientierung eine zweite wesentliche Grundlage für mehr Nachhaltigkeit geschaffen wird. Nicht nur ist Nachhaltigkeit (nebst Digitalisierung) das Zukunftsthema überhaupt. Gerade Innovationen und neue Technologien, deren Anwendung, Nutzung und Verbesserung ein Start-up besonders machen, bieten die Möglichkeiten, gesamtgesellschaftlich – vor allem ohne soziale Zerreißproben – die Welt nachhaltiger zu machen. Wir brauchen technologische Sprünge und neue Ideen, um Herausforderungen wie Klimawandel oder Hunger bekämpfen zu können. Auch wenn argumentiert wird, derartige Überlegungen und das Vertrauen auf technologische Quantensprünge seien zu sehr mit Unsicherheit behaftet, um sich bei gravierenden Problemen wie der Erderwärmung darauf verlassen zu können, bin ich der Ansicht, dass dies der einzige Weg sein kann (und wir dafür die richtigen Weichen stellen müssen, aber das ist ein anderes Thema beziehungsweise ein anderes Buch). Der Verzicht auf Wohlstand wird auf globaler Ebene nicht passieren – da bin ich Realist genug. Für den Mittelstand bietet sich durch die Adaption der Besonderheiten von Start-ups zugleich die Chance, nachhaltige neue Geschäftsmodelle zu entwickeln – gerade durch den Einsatz von Technologien.

Schafft ein Mittelständler es, einen integrativen Ansatz im Sinne von Stakeholderprägung, wie dies bei Start-ups von Beginn an üblich (und besonders) ist, in den eigenen Alltag zu integrieren, dann erfüllt er damit eine Grundvoraussetzung zur strategischen Implementierung von Nachhaltigkeit in das eigene Unternehmen. Die Einbeziehung von Interessengruppen ist die Grundlage des hiesigen Grundverständnisse von Nachhaltigkeit. So wird nicht nur im Unternehmen nachhaltiges Handeln dann bedeutsam, wenn es von allen getragen wird. Nachhaltigkeit blickt schon per Definition auf die Folgen des eigenen Handelns auf die relevante Gesellschaft. Etabliert ein Mittelständler die Stakeholderprägung, ist dies der Wesenskern für Nachhaltigkeit.

Durch die Einbeziehung von Expertisen in Analogie zur Handlungsweise von Start-ups wird ein weiterer Baustein zu mehr Nachhaltigkeit im Unternehmen verankert. Nicht nur schafft man es so, unter Umständen nicht vorhandene Fähigkeiten rund um das Thema in das Unternehmen zu integrieren. Im Falle erfolgreicher Umsetzung trägt das Unternehmen wiederum dazu bei, in der breiten Öffentlichkeit dafür zu werben, dass unternehmerischer Erfolg und Nachhaltigkeit zwei Seiten der gleichen Medaille sind – ein wichtiger Aspekt, auch um sicherzustellen, dass sich das Image rund um Unternehmen in der Gesellschaft verbessert und hierdurch womöglich wiederum Menschen auf den Karriereweg Unternehmer aufmerksam werden und selbst etwas Unternehmerisches (und nachhaltig Wirkendes) im Sinne eines eigenen Unternehmens zu gründen.

Der Aspekt Risikotoleranz und dessen Adaption leistet einen besonderen, weil vielschichtigen Beitrag für mehr Nachhaltigkeit im Mittelstand. Nachhaltigkeit und verantwortungsvoller Umgang mit der relevanten Gesellschaft sind nicht zuletzt Risikominimierung: Wer Mitarbeiter besonders positiv behandelt und wertschätzt, verringert seine Personalfluktuation und gewinnt womöglich leichter neue Mitarbeiter.

Wer mit Ressourcen schonend umgeht, hat diese länger verfügbar. Wer ehrlich und vertrauensvoll agiert, der kann sich in der Regel auf gleiches (positives) Geschäftsgebaren bei Dritten verlassen im Alltag. Nachhaltigkeit reduziert nicht zuletzt unternehmerische Risiken. Hinzu kommt, dass Ordnungspolitik und Märkte zunehmend nachhaltiges Handeln einfordern, im schlimmsten Fall steht die unternehmerische „Licence to operate" auf dem Spiel, wenn gegen Regelungen verstoßen wird und konsequent auf die Nichtwahrnehmung unternehmerischer Verantwortung gesetzt wird. Das Risiko der Nichtbefassung mit Nachhaltigkeit ist immens.

> **Fazit**
> - Der Mittelstand kann von Start-ups lernen.
> - Hier bieten sich im Rahmen der Fokusbereiche Organisationsstruktur, Menschen und Netzwerke zahlreiche Ansätze, um die eigenen Fähigkeiten zu erweitern.
> - Gelingt dies, schafft ein mittelständisches Unternehmen zugleich die adäquaten Grundlagen dafür, die eigenen Aktivitäten in Sachen Nachhaltigkeit auszubauen. Die Adaption der Start-up-Besonderheiten ermöglicht es hierbei, Nachhaltigkeit strategisch im Unternehmen zu verankern. Es lohnt sich!

Literatur

Wrobel M, K Preiß, T Schildhauer (2019). Kooperationen zwischen Startups und Mittelstand: Learn, Match, Partner. Eine Studie des Alexander von Humboldt Institut für Internet und Gesellschaft in Kooperation mit Spielfeld Digital HUB, Berlin

6

Ausblick

Zusammenfassung Was Sie aus diesem Fachbuch mitnehmen können …

- Mittelstand und Start-ups spielen eine wichtige Rolle dabei, unsere Welt nachhaltiger zu gestalten.
- Unternehmerische Nachhaltigkeit meint die Wahrnehmung der Verantwortung für die Auswirkungen des eigenen Handelns auf die relevante Gesellschaft. Hierbei hat nachhaltiges Handeln eine enorme betriebswirtschaftliche Relevanz.
- Der Mittelstand kann durch die Adaption von besonderen Eigenschaften von Start-ups die Grundlage schaffen, innerhalb des eigenen Unternehmens Nachhaltigkeit als Kern des unternehmerischen Handelns zu integrieren.
- Das Buch bietet nebst der Überzeugungsarbeit betreffend die Notwendigkeit, sich mit unternehmerischer Nachhaltigkeit zu beschäftigen, konkrete Empfehlungen und ausgewählte Maßnahmen für mittelständische Betriebe, um von Start-ups zu lernen.

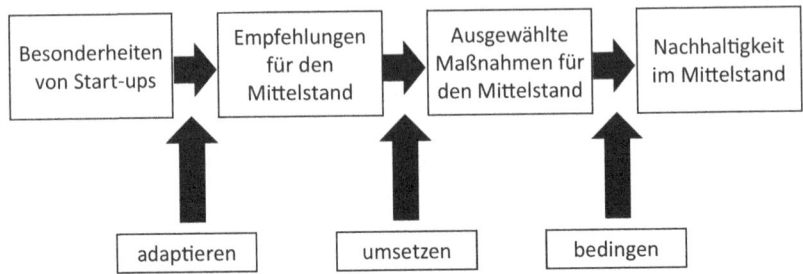

Abb. 6.1 Start-up – Mittelstand – Nachhaltigkeit. (Quelle: Eigene Darstellung)

Setzt ein Mittelständler darauf, von Start-ups zu lernen und insbesondere die Besonderheiten von Start-ups zu adaptieren, hat dies Folgen in zweierlei Form: Einerseits schafft der Mittelständler die Grundlagen dafür, Nachhaltigkeit im hiesigen Verständnis in das eigene Unternehmen zu integrieren; andererseits leistet er dadurch wiederum einen Beitrag für die Gesellschaft dahingehend, dass die Welt für sich genommen – gerade durch die Wirtschaft – nachhaltiger und damit zukunftsfähiger wird. Abb. 6.1 zeigt Ihnen nochmals die Argumentationsgrundlage, die diesem Buch zugrunde liegt.

Ausgehend von der zugrunde liegenden Definition der Start-ups sind insbesondere die Handlungsweisen von Start-ups im Sinne weicher Faktoren relevant, die von Mittelständlern adaptiert werden können – vom zu schaffenden Raum für Agilität bis zur Etablierung von Zukunft als Leitmotiv. Um dies zu realisieren, sollte ein mittelständische Unternehmen in den Bereichen Organisationsstrukturen, Menschen und Netzwerke aktiv werden. Tun Sie dies, hat dies wiederum Folgen dahingehend, dass Strukturen für ein strategisches und ganzheitliches Tätigwerden in den vier relevanten Handlungsfeldern der Nachhaltigkeit ermöglicht werden, letzlich mit positivem Effekt für uns alle – es lohnt sich also, wenn sich der Mittelstand mit Start-ups beschäftigt!

Nachhaltigkeit, Start-ups und Mittelstand: drei Themenfelder, die spannend und zugleich wesentlich für uns sind. Dies gilt nicht nur für den Wirtschaftsstandort und damit für unser aller Wohlstand, sondern auch für die eine gute Zukunft! Nutzen Sie – insofern Sie selbst dem Mittelstand angehören – die Informationen und Anregungen, die Sie in diesem Buch erhalten haben, um mit Ihrem Beitrag die Welt für uns alle positiv zu gestalten. Die Chance haben Sie!

SPRINGER NATURE

GPSR Compliance

The European Union's (EU) General Product Safety Regulation (GPSR) is a set of rules that requires consumer products to be safe and our obligations to ensure this.

If you have any concerns about our products, you can contact us on ProductSafety@springernature.com

In case Publisher is established outside the EU, the EU authorized representative is:

Springer Nature Customer Service Center GmbH
Europaplatz 3
69115 Heidelberg, Germany

The manufacturer's authorised representative in the EU is Springer Nature Customer Service Centre GmbH, Europaplatz 3, 69115 Heidelberg, Germany. If you have any concerns regarding our products, please contact ProductSafety@springernature.com

Printed and bound by CPI Group (UK) Ltd, Croydon, CR0 4YY

28/04/2026

02098538-0001